코젤렉의 개념사 사전 13

근대적/근대성, 근대

코젤렉의
개념사 사전 13

근대적/근대성, 근대
Modern/Modernität, Moderne

한스 울리히 굼브레히트 지음
라인하르트 코젤렉·오토 브루너·베르너 콘체 엮음
한림대학교 한림과학원 기획
원석영 옮김

Modern/
Moder
nität,
Moderne

푸른역사

일러두기

· 이 책은 오토 브루너Otto Brunner · 베르너 콘체Werner Conze · 라인하르트 코젤렉Reinhart Kosellek이 엮은 《역사적 기본 개념: 독일 정치 · 사회 언어 역사사전*Geschichtliche Grundbegriffe. Historisches Lexikon zur politisch-sozialen Sprache in Deutschland*》(Stuttgart: Klett-Cotta, 1972~1997) 중 〈근대적/ 근대성, 근대Modern/ Modernität, Moderne〉(제4권, 1978, pp.93~131) 항목을 옮긴 것 이다. 한스 울리히 굼브레히트Hans Ulrich Gumbrecht가 집필했다.
· 미주는 저자, 각주는 옮긴이의 것이다. 각주로 처리된 옮긴이 주의 경우 주석 앞에 [옮긴 이] 표기를 했다.
· 이 책은 2018년 대한민국 교육부와 한국연구재단의 지원을 받아 간행되었다(NRF-2018S1A6A3A01022568).

번역서를 내면서

●●● 《코젤렉의 개념사 사전》(원제는 《역사적 기본 개념 *Geschichtliche Grundbegriffe*》)은 독일의 역사학자 라인하르트 코젤렉 Reinhart Koselleck(1923~2006)이 오토 브루너Otto Brunner, 베르너 콘체Werner Conze와 함께 발간한 '독일 정치·사회 언어 역사사전 Historisches Lexikon zur politisch-sozialen Sprache in Deutschland'입니다. 이 책은 총 119개의 기본 개념 집필에 역사학자뿐 아니라 법학자, 경제학자, 철학자, 신학자 등이 대거 참여한 학제 간 연구의 결실입니다. 또한 1972년에 첫 권이 발간된 후 1997년 최종 여덟 권으로 완성되기까지 무려 25년이 걸린 대작입니다. 독일 빌레펠트대학의 교수였던 코젤렉은 이 작업을 기획하고 주도했으며, 공동 편집자인 브루너, 콘체가 세상을 떠난 후 그 뒤를 이어 책의 출판을 완성했습니다.

《코젤렉의 개념사 사전》이 가진 의의는 작업 규모나 성과물의 방대함뿐만 아니라 방법론적 혁신성에도 있습니다. 기존의 개념사가 시대 배경과 역사적 맥락을 초월한 순수 관념을 상정하고 그것의 의미를 밝히는 데 치중했다면, 《코젤렉의 개념사 사전》은 정치·사회적 맥락 속에서 전개되는 의미의 변화 양상에 주목합니다. 따라서 코젤렉이 말하는 '개념'은 '정치·사회적인 의미연관들로 꽉 차 있어서, 사용하면서도 계속해서 다의적多義的으로 머무르는 단어'입니다. '기본 개념'은 그 중에서도 특히 정치·사회적인 현실과 운동에 강력한 영향력을 행사한 개념을 가리킵니다.

나아가 《코젤렉의 개념사 사전》은 근대성에 대한 깊은 성찰을 담고 있습니다. 코젤렉은 1750년부터 1850년까지 유럽에서 개념들의 의미에 커다란 변화가 나타나, 근대 세계와 그 이전을 나누는 근본적인 단절이 발생했음에 주목했습니다. 이러한 단절을 그는 '말안장 시대' 또는 '문턱의 시대'로 표현한 바 있습니다. 또한 코젤렉은 근대에 들어오면서 개념은 '경험 공간과 기대 지평'이라는 두 차원을 가진 '운동 개념'이 되었음을 드러냄으로써 근대성에 대한 물음을 성찰하도록 해주었습니다.

《코젤렉의 개념사 사전》은 방대한 기획과 방법론적 혁신성, 근대성에 대한 통찰을 담은 기념비적 저작이라는 면에서 광범위한 차원의 호평과 반향을 불러일으켰습니다. 또한 분과학문의 틀을 뛰어넘는 인문학적 역사 연구의 전망을 제시했다는 점에서 개념사 연구의 표본적 모델로 인정받고 있습니다. 개념사 연구가 비교적 늦은 한국 사회에도 이 책의 존재는 어느 정도 알려져 있습니다.

한림과학원은 2005년 《한국 인문·사회과학 기본 개념의 역사·철학사전》 편찬 사업을 시작하여 2007~2017년 인문한국(HK) '동아시아 기본 개념의 상호소통 사업'을 수행해왔습니다. 2018년부터는 인문한국플러스(HK⁺) '횡단, 융합, 창신의 동아시아 개념사'로 확장하여 동아시아 개념사 연구의 새로운 지평을 여는 데 기여하고자 합니다. 전근대부터 근대를 거쳐 현대에 이르기까지 동아시아에서 개념이 생성, 전파, 상호 소통하는 양상을 성찰하여, 오늘날 상생의 동아시아 공동체 형성을 위한 소통적 가능성을 발견하는 것이 이 사업의 목표입니다. 《코젤렉의 개념사 사전》의 번역은 우리나라에서 처음 시도하는 작업으로, 유럽의 개념사 연구 성과를 정확하게 이해하는 데 필수적입니다. 그 결과물로 2010년 1차분 〈문명과 문화〉, 〈진보〉, 〈제국주의〉, 〈전쟁〉, 〈평화〉, 2014년 2차분 〈계몽〉, 〈자유주의〉, 〈개혁과 (종교)개혁〉, 〈해방〉, 〈노동과 노동자〉를 내놓았습니다. 이어서 이번에 3차분 〈위기〉, 〈혁명〉, 〈근대적/근대성, 근대〉, 〈보수, 보수주의〉, 〈아나키/아나키즘/아나키스트〉를 내놓습니다. 이를 계기로 개념사 연구에 대한 관심이 더욱 높아지고, 개념사 연구방법론을 개발하는 시도가 왕성해지기를 바랍니다.

2019년 2월
한림대학교 한림과학원 원장 김용구

CONTENTS

한스 울리히 굼브레히트 Hans Ulrich Gumbrecht(1923~2006)

1948년 독일 뷔르츠부르크에서 태어났다. 파리, 뮌헨, 레겐스부르크, 살라망카, 파비아, 콘스탄츠에서 공부했으며, 1971년 콘스탄츠대학에서 비교문학 박사 학위를 받았다. 콘스탄츠대학과 보쿰대학을 거쳐 2008년부터 스탠포드대학에서 미학, 비평이론, 비교문학, 독일 문학, 이탈리아 문학, 프랑스 문학, 스페인 문학 등을 가르치고 있다. 어려서부터 세계 곳곳의 스포츠를 접할 기회가 있었기에 종목을 막론하고 모든 스포츠의 광팬이며, 2000년부터는 스포츠에 대한 관심에 더 진지하게 접근해 다양한 학술적 성과물을 발표해왔다. 저서로 《매혹과 열광》, 《스페인 문학사》, 《1926년》 등이 있다.

서론

지난 수십 년간의 개념사 연구에서 이 사전이 다루고 있는 개념 중 '근대적', '근대성', '근대'처럼 자주 다루어졌던 개념은 아마 없을 것이다. 야우스H. R. Jauß, 마르티니F. Martini 와 슈나이더J. Schneider는 특히 미학과 관련된 상세한 논문들을 발표했다.

CHAPTER I

Einleitung
Ⅰ. 서론

1. 연구 실태

●●● 　　　지난 수십 년간의 개념사 연구에서 이 사전이 다루고 있는 개념 중 '근대적', '근대성', '근대'처럼 자주 다루어졌던 개념은 없을 것이다. 야우스H. R. Jauß, 마르티니F. Martini와 슈나이더J. Schneider는 특히 미학과 관련된 상세한 논문들을 발표했다. 이들은 중세 초기에서부터 현재까지 근대성 개념의 의미 변화를 추적했다. 세뉴M. D. Chenu, 쿠르티우스E. R. Curtous, 프로인트W. Freund, 스푈J. Spörl, 그리고 궤스만E. Gössmann은 중세 때는 '옛날 사람들/현대인들antiqui/moderni'이라는 토포스topos(범주)가 다양하게 사용될 수 있었다고 한다. 최근에 나온 슐로바하J. Schlobach의 교수 자격 논문에는 르네상스와 초기 계몽주의 사이에 존재하는 시대에 관한 이론들이나 시간 개념들과 관련된 기록물들이 총망라되

어 있다. 반면에 빌펠트S. Bielfeldt는 박사학위 논문에서 근대성이라는 주제에 대한 연구에 처음으로 슬라브 문헌들을 반영해 스펙트럼을 넓혔다.[1] 이 때문에 이 항목의 준비 작업 과정에서 야우스와 마르티니가 단지 부차적으로 고찰한 20세기 이외의 시대에서는 새로운 자료를 발견하기 어려웠다. 또한 '근대적' 개념이 지닌 의미 때문에 그 개념의 역사에 매우 풍요로운 자료를 제공해주는 "미학"과 "철학"에서 새로운 자료를 발견하기 어려웠다. 이런 상황에서, 이미 존재하는 지식들을 단순히 요약하는 수준에 머물러서는 안 된다는 이 사전의 편찬 지침에 응할 수 있는 길은 다음이라고 생각된다. 첫째, '근대적' 개념과 관련해서 지금까지 거의 고려되지 않았던 영역들에서 자료들을 찾아내는 것이다.[2] 둘째, 이것은 무엇보다도 중요한데, 이미 알려져 있는 자료나 새로운 자료들을 특별한 이론적 전제 아래 철저하게 수행된 방법을 통해 마무리짓는 것이다. 보다 정확하게 말하자면, 이 항목은 다른 곳에서 자세하게 전개된 추상적인 생각을 역사적인 자료에 적용시키는 것이라기보다는[3] 아직 논란의 여지가 있는 개념사적 이론과 방법에 대한 논의에 기여하는 것이어야 할 것이다.[4]

2. 이론과 방법에 대한 서론

먼저 이 항목의 구조와 개별적인 해석에 대한 공감을 구하기 위해

근대적/근대성,
근대

반드시 필요한 세 개의 전제들을 테제로, 그것들과 관련된 다양한 문제들에 대한 논의 없이, 제시해야 한다.

a ─

'언어규범', 즉 사회제도로서 언어는 사회사의 틀 안에서(물론 이것이 그 개념에 대한 학문─이론적 연구의 유일한 틀은 아니지만)[5] 이루어지는 개념사적 연구의 대상을 구성한다. 우리는 '언어규범'이라는 용어를 코제리우E. Coseriu가 사용한 의미를 채택하고자 한다. 이에 따르면 언어의 규범적인 면은 한편으로는 "대립적인 기능의 추상적인 구조"로 나타나는 "시스템"에, 다른 한편으로는 "언어의 실제적인 사용"과 관련된 "말하기"에 대응한다.[6] 사회사의 한 가지 방법으로서 개념사와 관련해서, 코제리우의 이론에서 귀결되는 중요한 결론이 두 개 있다.

언어 시스템은 역사 ─ 구체적인 언어 현상Sprachvorkommen을 포함할 뿐만 아니라, 언어 유형에 대한 음성학과 구문론, 의미론에 따른 가능한 (일부 실현되지 않은) 변형들을 포함한다. 이 때문에 언어규범은 특정한 언어 시스템에서 가능한 변형들로부터 집단적 선택을 통한 결과로 이해할 수 있다. 이러한 집단적 선택은 화자들의 공통적 관심사들이 구성하는 시스템과 언어 행위의 공통된 유형화와 규칙에 의존한다.[7] 화자들과 작가들은 각자 나름대로 그러한 규범을 거스르면서 언어 시스템을 개혁할 수 있다. 그런데 사회에 널리 퍼져있는 지식에 상응하지 않을 경우, 받아들여지지 않는다. 이 때문에 새로운 의미들은 동시대의 동일한 사회 계층에서 유래하는 다른 의미들과의 수렴을 통해서, 혹은 사전事典에 수록됨으로써 언어 규범의 일부로 입증되었을 때 비로소 사회사적으로 인정받게 된다 (천재성이나 언어교통 장애로서가 아니라).

b —
언어규범을 사회제도로 이해할 경우, 우리는 각 단어들이 다양한 경험 영역 틀 안에서 다양하게 사용되고 이해된다는 전제, 다시 말해서 다양한 의미를 갖게 된다는 전제를 덧붙여야 한다(우리는 그 개념을 비트겐슈타인을 따라 "언어놀이" 혹은 "생활형식"이라는 말의 의미로 사용한다).[8] 개념사 연구에서 이를 도외시할 경우, 여러 출처에 등장하는 동일한 단어가 지닌 상이한 의미가 통시적인 의미 변화로 해석될 위험이 있다. 동일한 단어가 지닌 상이한 의미들은 실제로 포괄적 언어규범에 속한 상이한 경험 영역들에 놓여있는 공시적 사용과 의미의 다양성일 수 있다. 이 때문에 이 항목에서 제시될 역사학적 설명에서는 그러한 경험 영역들의 기준에 따라 각각의 시대에 속한 부분들을 다시금 분류했다. 당연히 이때 나타날 수 있는 의미의 간섭 현상에 주목하면서.

c —
언어규범에 속한 의미들은 모두 언어 시스템에 의해 만들어질 수 있는 의미들에 대한 선택, 즉 사회적 조건에 의한 선택의 결과라는

근대적/근대성,
근대

역사학적 논의의 이론적인 토대 구축 작업과 조화를 이루면서 이 서론을 마치자면, '근대적' 개념이 가질 수 있는 의미들의 시스템에 대한 스케치가 제시되어야 한다. 당연히 학습에 도움을 주기 위한 구성을 고려하면서.[9]

'근대적'이 지닐 수 있는 첫 번째 의미: "현재gegenwärtig", 반대말 '이전vorherig.' 이런 의미로서 술어 '근대적'은 광범위한 시공간에 걸쳐 존재하지만, 다른 것에 의해 그때그때 현재에 대체될 수 있는 제도를 드러내는 생각이나 대상이나 사람들에게 귀속된다. 예를 들자면, 매년 새롭게 등장하는 '여성복 여름 패션'에서의 '현대적modern 라인', 교황이 죽으면 다시 채워지는 '베드로의 후계자'라는 제도적인 자리로서의 '현 교황modernus pontifex'[10] 등.

'근대적'의 두 번째 의미: "새로운neu", 반대말 '오래된alt' 이런 의미로서 술어 '근대적'은 한 시대로 풍미된 현대Gegenwart를 특징짓는다. 그 복잡성에도 불구하고 그것은 동질의 특징들에 의거해서 과거의 시대들과(시대적 변화를 역사철학적으로 평가하는 일반적인 모델에 따라) 구분된다.[11] 이러한 현대의 시작은 임의적으로 먼 과거에까지 거슬러 올라갈 수 있고, 그 끝은 정해져 있지 않다.

'근대적'의 세 번째 의미: "일시적vorübergehend", 반대말 '영원한ewig' 술어 '근대적'은 동시대 사람들이 현재와 이에 관련된 개념들을 '미래의 과거로서의 현재'로 생각할 수 있을 경우 항상 이러한 의미를 가질 수 있다. 현재가 너무 빨리 지나가는 것처럼 느껴져서 '근대적'이라는 말의 두 번째 의미처럼 현재와 질적으로 다른 과거를 축으로 대비시킬 수 없고, 단지 영원을 축으로 대비시킬 수 있을 경우에 '근대적'의 세 번째 의미가 타당하다.[12]

II

젤라시우스Gelasius (494/495)의 《교황들의 서한Epistola pontificum》에는 형용사 '근대적 modernus'과 관련해서 알려진 것들 가운데 가장 오래된 자료가 들어있다. 최신 지침들 admonitiones modernae로서 그 '편지들'이 쓰여질 당시에 효력이 있던 칼케돈Chalcedon 종교회의(451)의 결정들이 그 이전에 표준이었던 구 규칙들antiquis regulis과 구분되었다.

CHAPTER II

Chapter

Ⅱ

1. 중세에서 '근대적modernus' 개념의 사용

●●●   우리는 여기서 이미 아주 자세히 탐구된 중세와 르네상스에서 사용된 형용사 '근대적'에 대한 의미의 역사를, '근대적'이라는 말의 다양한 의미에 대한 전사前史로 두 부분으로 간추려 짤막하게 제시하고자 한다. 앞에서 추상적인 정의를 통해 제시된 세 가지 종류의 의미를 자료를 통해서 일목요연하게 만들고자 함이다.

겔라시우스Gelasius(494/495)의 《교황들의 서한Epistola pontificum》에는 형용사 '근대적modernus'과 관련해 알려진 것들 가운데 가장 오래된 자료가 들어 있다. 최신 지침들admonitiones modernae로 그 '편지들'이 쓰여질 당시에 효력이 있던 칼케돈Chalcedon 종교회의(451)의 결정들이 그 이전에 표준이었던 구 규칙들antiquis regulis과 구분되었다.[13] 여기서 첫 번째 의미로서의 '근대적modernus' 개념이 현재 타당한 제도와 이것이 갈아치운 제도를 차별화하는 데 사용되었다. 507/511년에 심마쿠스Symmachus에게 보낸 카시오도르 Cassiodor의 편지에서 그 개념은 이미 시대 구분의 맥락 속에 있었다. 따라서 형용사 '근대적'의 두 번째 의미로 사용되었다. 스스로를 옛날 사람들을 가장 충실하게 흉내 내는 자로 칭했던 카시오도르는 옛 로마의 위대함을 고트제국의 모범으로 삼고자 했다. 그는 현대인들 가운데 가장 칭송받는 지도자란 칭호를 얻고자 했다.[14] 여기서 그러한 목적의 실현은, 역사의 유형학적 평가를 통해서도 보장되지 않고 데카당스의 도식으로도 실현될 수 없는, 행동하는 주체들의 과제로 등장한다. 350년 후 칼 대제국Karls Universalreich에 대한 '현 세기seculum modernum'라는 시대적 칭호와 "현대문학 modernere Literatur"이 보에티우스Boethius와 함께 시작된 것이라는 평가는 제대로 된 평가라 할 수 없다.

1075년의 사순절 주교회의에 대한 베르톨즈 폰 라이헨아우 Bertholds von der Reichenhau의 보고서를 통해 알 수 있듯이, '현대성 modernitas'은 11세기 서임권 분쟁 시기에 이르러서야 비로소 신부들에 대한 지침을 저버린, 극복되어야 할 시대로 간주된다. 현대 Gegenwart에 대한 이런 부정적인 평가는 중세의 전성기, "특히 12세기 르네상스"라고 불리는 문화 운동의 틀 안에서 유형학적 역사 경험에 기초한 새로운 자의식에 자리를 내어준다. 사람들은 과거를 현대를 능가하기 위한 전제로 감탄한다. 이러한 의미에서 베른하

근대적/근대성,
근대

르트 폰 차르터스Bernhard von Charters는 '현대인들moderni'을 거인들의 어깨에 앉아 있는 난쟁이라고 — 그러나 그 때문에 더 멀리 내다보는 — 특징지었다.[15] 발터 맵Walter Map은 자신의 저서 《황궁정원의 바보들De nugis curialium》(1180년에서 1192년 사이)에서 아직 기억할 수 있는 시기로 파악된 현재를 — 구전이 백 년 정도는 전해지기 때문에 — 처음 옹호했다. 수많은 (또한 구어를 사용하는)[16] 작가들이 자신들을 12세기의 주인으로 그 시대를 혐오하는 자들에 대항하여 강력하게 주장했듯이 말이다. "각각의 세기는 그 자신의 현대성Modernität을 좋아하지 않았다. omnibus seculis sua displicuit modernitas."[17] 이러한 반대 논증을 구성하는 데 있어서 발터 맵은 — 그때까지는 아직 존재하지 않던 — 세 번째 의미로서의 '근대적' 개념("일시적인")에 대한 생각을 제시했다. 그는 지나간 시대들 역시 자신들을 '현대성modernitates'으로 이해했다는 것을 인식했다.

13세기 이후에는 첫 번째 의미에 따른 '옛날 사람들/현대인들 antiqui/moderni' 패러다임이 일정 기간 동안 경쟁하고 이후 해체되는 철학 학파들을 칭하는 데 사용되었다. 그렇게 사용됨으로써 현재 진행 중인 논쟁을 넘어서까지 적용될 수 있는 명칭이 되었다. 따라서 르네상스 때에는 아리스토텔레스주의가 여전히 '현대철학 moderne Philosophie'[18]으로 간주되었다. '현대적 방식via moderna'은 14세기에 통상적으로 오캄의 유명론의 명칭이었다. 그러나 중세에서 '옛날 사람들antiqui'과 '현대인들moderni'이라는 대비는 훨씬 더 광범위한, 시대의 자기 이해를 규정하는 구분에 사용되었다. 중세

신학자들은 '현대인들'로서의 자신들을 신부들과 차별화했다. 구약에서 유대인들은 기독교인들과 대비해서 '옛날 사람들antiqui'로 간주되었다.

2. 르네상스의 순환적 역사관에서의 현재

형용사 '근대적modern'이 고대라는 과거를 지향하는 르네상스 시대에 현재를 칭하는 데 사용되는 일은 매우 드물었다. 그렇지만, 우리는 여기서 짧게나마 이 역사관을 특징짓고자 한다. 이 역사관이 이 시대에 그러한 이름을 부여했을 뿐만 아니라, 다른 요소들과 더불어 계몽주의 시대의 자기이해를 자극했기 때문이다. 역사적으로 볼 때 그것은 페트라카Petraca의 글에서 유래한다. 14세기 중엽에 써진 그 글에서는 중세의 유형학적 역사관에 의해 이루어진 고대와 현재에 대한 평가가 — 이중적인 도식의 틀 안에서 — 거꾸로 되어 있다. 1341년에 페트라카는 《출중한 남자들De viris illustribus》에서 고대 로마라는 놀라운 세계에 대한 기독교의 승리에서 시작되는 시기를 다루는 것이 가치 있는 일이라고 생각하지 않았다. "나는 연필을 들고 암흑 속을 헤매고 싶지 않았다. nolui...... per tenebras stilum ferre."[19]

보카치오Boccaccio는 페트라카의 글보다 약간 나중에(1357/59) 완성된 《단테의 일생Vita di Dante》에서, 앞의 인용문을 고려해볼 때

페트라카가 고대에 대한 작업을 통해 기대한 것, 즉 "고대 문화의 부활을 이미 단테의 시가 되찾았다고 생각했다. Per costui la morta poesì meritamente si può dir suscitata."[20] 15세기(1492) 말에 피치노Ficino 는 보카치오가 가장 먼저 암시한 역사관인 고대의 전성기와 기독교의 몰락과 르네상스라는 3단계 역사관이 자신의 시대에 자명한 것이 되었음을 증언한다. "이 세기는 이미 거의 멸종된 인문학을 훌륭한 인문학으로 세상에 알렸다. Hoc enim seculum tanquam aureum liberales disciplinas, ferme iam extinctas reduxit in lucem."[21] 시대 명칭 "중세"는 현재에 대한 이런 시각에서, 즉 암흑시대를 통해 모범으로 평가된 과거와 분리된 시각에서 유래한 것이다. 라틴어로 된 최초의 증거는 중세media tempesta(1469), media aeta(1518)와 medium aevum(1604) 등이 있다.[22]

우리가 "르네상스"라고 부르는 세기들의 진행에서 그때그때 현재와 고대와의 관계가 변한다. 뛰어넘을 수 없는 고대인들의 우수성에 대한 의식을 여전히 가지고 있던 르네상스 시대 초기에는 고대인들에 대한 모방을 추천한 반면, 그 이후에는 "모방imitatio"이라는 원리를 "경쟁aemulatio"이라는 원리가 대신했다. 이와 함께 그리스와 로마 문화의 전성기에 도달할 수 있다는 희망이, 나아가 그것을 뛰어넘을 수 있다는 희망이 생겼다. 뒤 벨레Du Bellay는 《프랑스어에 대한 옹호와 예시La deffence et illustration de la langue françoyse》 (1549)에서 자기 시대의 정치가들과 장군들에 대한 가치평가로 그러한 자신감을 드러냈다. — 이들이 고대인들과 경쟁할 수 있다면,

무엇 때문에 문화가 열등한 것으로 비하되어야 하는가?[23]

　물론 "경쟁"이라는 원리는 이미 계몽주의의 시작을 담고 있는 논의들을 지시한다. 고대를 모범으로 한 모방이 '근대적'이라는 형용사가 독립적인 시대를 칭하기 위한 술어로서의 두 번째 의미가 시대의 자기반성 속에 스며드는 것을 방해했더라도, 모방은 르네상스 시대의 특징으로 여전히 남아있다. '근대적' 개념은 오로지 중세철학 학파들을 위한 이름으로서만 널리 사용되었다. 그 말이 현재를 칭할 경우, 그것은 언어규범 내에서의 질적인 시대 구분과 관련 되어있는 것처럼 보이지 않는다. 그래서 에띠엔Estienne의 《프랑스어−라틴어 사전》(1549)에는 '근대적'의 의미가 근대 시인들poètes modernes을 토대로 설명되어 있다. 이른바 기독교 혹은 페트라카 이후의 작가들뿐만 아니라, 순전히 시대적 구분에 따른 의미에서 최근의 시인들poetae recentis memoriae도 근대 시인으로 간주되었다.[24]

III

'근대적modern'의 의미 변화에 대한 해석을 논하게 될 아래 부분들에서 프랑스어권에 속

한 증거들이 더 많다는 것을 인정한다면, 이는 프랑스에서 결정적으로 자극을 받은 독일

계몽주의에 대한 이해에 도움을 줄 것이다.

CHAPTER III

Chapter

Ⅲ

1. 고대라는 모범에서 '근대성Modernität'을 분리하기 위한 첫 걸음으로서 계몽주의자들의 현재 의식

●●●   '근대적modern'의 의미 변화에 대한 해석을 논하게 될 아래 부분들에서 프랑스어권에 속한 증거들이 더 많다는 것을 인정한다면, 이는 프랑스에서 결정적으로 자극을 받은 독일 계몽주의에 대한 이해에 도움을 줄 것이다. 더 나아가 프랑스 초기 계몽주의에서 해결되지 못한 역사철학적인 문제[25]에 대한 "대답"으로 유럽 낭만주의 운동의 독일적 근원을 인식하는 데 도움이 될 것이다. 또한 이로써 독일적 근원을 계몽주의에서 마련된, 그러나 사고와 언어규범에 스며들지 못한 새로운 시대의식의 뒤늦은 결과로 인식하는 데 도움을 줄 것이다. 이러한 새로운 역사관은 르네상스 시작 이후 18세기의 문턱에 이르기까지 지배적이었던, 그때그때의·현

재가 고대를 모범으로 한 [모방]에 대한 반발에 그 기원을 둔 것임은 앞에서 이미 시사되었다.

a —

1678년 프랑스 아카데미에서 시작되어 20년 이상 지속된 "신구 문학 논쟁Querelle des Anciens et des Modernes"은 페로C. Perrault가 '근대인Modernes'이 고대에 대해 가지고 있던 새로운 우월감을 공개적으로 선언함으로써 촉발되었다. 그 우월감은 현대Gegenwart가 데카르트Descartes와 코페르니쿠스Kopernikus 이래로 학문의 완전성에 있어서 가지고 있는 명백한 우위가 현대 예술의 보다 높은 완전성 속에 그 짝을 가지고 있어야 한다는 결론에 기반을 두고 있었다. 중세의 유형학적 관점을 대체한 르네상스의 순환적 역사관 자리를 진보적 역사 모델이 새롭게 차지했다. 이 모델은 중세에서처럼 역사를 신성화하고자 하는 동기에서 유발된 것이 아니라, 페로가 자신의 주요 저서인 《고대인과 근대인의 비교Parallèlle des Anciens et des Modernes》(1688/97)[26]에서 인간의 나이와 세계의 나이를 비교하면서 제시한 모델이다. 중세는 "어두운 과도기"로 남겨둔 채 다루어지지 않고, 유년기로서의 고대와 중년기로서의 르네상스가 지나간, 이제 인류는 노년의 시기로, 그럼으로써 성숙한 시기로 들어섰다. 논쟁을 유발하는 페로의 명제 "바로 우리가 고대인이다. c'est nous qui sommes les Anciens"[27]에서 '고대인Anciens'이라는 말은 분명히 현재라는 장소를 특징짓는다. 아울러 새로운 역사 모델의 시대 순에서 '근

근대적/근대성, 근대

대인Modernes'의 장소를 특징짓는 동시에 지금까지 "고대의 고대인 antiken Ancines"에게 인정된 우위가 이제는 현대의 대변자로서 "근대의 고대인modernen Ancines"에게로, 역사적인 발전의 끝과 그럼으로써 완성을 재현한 "근대의 고대인"에게로 옮겨가야 한다는 주장을 강하게 펼친다. 이 테제에 대한 논의에서 술어 '근대적'은 계몽주의 이래로 그 두 번째 의미, 즉 자신의 고유한 가치 속에서 인식된 현재를 특징짓는 새로운 상황을 맞이하게 된다.

많은 비교를 통해 모든 학문과 예술에서 "근대인Modernes"의 우월성을 보이고자 하는 목적을 가지고 시작된 페로의 책 《고대인과 근대인의 비교》의 논증 전개 방식은 모든 "논쟁Querelle"의 논의 과정을 보여준다. "근대인"은, 프랑스 고전주의 규범을 기준으로 하여 고대 예술 작품들을 평가절하함으로써 "개선 가능성perfectibilitè"이라는 원리가 예술에서도 타당하다는 것을 입증하고자 하는 노력을 통해, "고대인"의 답변을 자극했다. 사람들은 단지 자신이 속한 시대의 입맛에 따라 예술을 평가할 수 있을 뿐이다. 반대 진영에 속한 자들의 입장 표명은 다시금 "근대인"들로 하여금 진보시대의 척도를 고대와 현대 예술 간의 질적인 차이와 자연과학의 진보에 똑같이 적용할 수 없다는 고백을 하도록 만들었다. 양쪽 진영에 공통된 이러한 인식과 함께 역사에서 그때그때 현재에 대한 새로운 평가 가능성이 "논쟁"의 끝에 자리를 잡았다. 18세기에서 19세기에 이르는 전환기에 모든 이론들은 당연히 그 새로운 평가 가능성을 통해 성과를 거두었고, 이후 여전히 더 넓은 계층들의 시대의식 속에 스며들었다. 이는 4개의 통찰로 표현될 수 있다.

1) 각각의 시대의 업적이 그 시대에 고유한 관습과 미적 감각에 따라 평가되어야 한다면, 더 이상 "어두운" 혹은 "모범적인" 시대란 존재할 수 없다. 각각의 시대는 그 이후 시대의 관심을 끌 자격이 있다.

2) 그러나 다양한 각각의 시대에 속한 특이성의 원리가 인식될 경우, 시대의 반복 불가능성에 대한 통찰은 역사를 거슬러 올라가 모방하고자 하는 시도를 금한다.

3) 라브뤼에르La Bruyère는 이미 1688년에 "근대인"이 "고대인 Ancien"에 가한 독선적인 폄하에 대해 "이토록 근대적인 우리가 몇 세기 후에는 고대인이 되어 있을 것이다. Nous, qui sommes si modernes, serons anciens dan querlque siècles"[28]라고 반론을 펼쳤다. 어떤 시대가 자신의 근대성Modernität을 그런 식으로 미래의 과거로서 비판적으로 평가하는 데 성공한다면, '근대적'을 그 세 번째 의미, 즉 역사적 순간의 전환을 포착하는 의미로 사용하는 데 있어서 가장 중요한 전제조건이 충족된 것이다.

4) 학문의 패러다임에 빗대어 예술 영역에서 현재의 우월성을 입증하고자 한 페로의 시도가 실패함으로써, 상이한 경험 영역에서 발전은 상이한 진행 법칙을 따른다는 것에 대한 통찰이 생겨났다.

b —

비록 "논쟁Querelle"의 결과들이 18세기를 통해 시대를 포괄하는 새로운 시대의식으로 전환되지는 못했지만, 지나간 시대들에 대한 많은 계몽주의 시대 작가들의 관계를 변화시켰다. 앞서 사람들이 지금은 이른바 "고대적 고대antiquitè ancienne"가 되어버린 고대를 인정했듯이, 이미 1714년에 페넬롱Fénelon은 중세를 독자적인 지위를 누리는 "근대적 고대antiquité moderne"로서 인정하고 다루어야 한다고 촉구했다.[29]

그리고 1750년경에 부갱빌Bougainvile은 페넬롱이 요청한 중세에 대한 연구의 첫 결과물들을 결산하면서, 일찍이 "암흑"이라고 경멸된 시대의 관습들이 고대의 관습들보다 여러 가지 면에서 더 뛰어났다는 것을 밝혔다.[30] "논쟁"이 끝난 후 널리 실행된 상이한 경험 영역들에 대한 구분은 우리를 다시금 역사에 있어서 현재의 지위에 대한 평가와 관련해서 '근대적'이라는 말의 의미 변화로 이끈다. 《철학사전Dictionnaire philosophique》(1764)의 "고대인과 현대인" 항목에서 볼테르는 모든 시대의 인간이 똑같은 재능을 가지고 있다는 가설에도 불구하고 자신이 고집한 확신, 즉 현대modern문학이 고대문학보다 뒤떨어졌다는 확신을 "프랑스어의 역사가 끔찍하고 독특한 켈트어와 부패한 라틴어의 혼합mélange de l'horrible jargon des Celtes et d'un latin corrompu"이라고 지적함으로써 뒷받침한다. 그러나 이러한 혹평에도 불구하고 볼테르는 거리낌 없이 "고대인들이 가능하리라고 생각조차 하지 않은dont les anciens ne soupçonnaient pas même la possibilité" 근대 과학의 수많은 업적들을 자랑스럽게 지적한다. 양쪽 진영에 대한 칭찬과 질책의 근간을 이루는 볼테르의 차별적인 태도는 인용된 텍스트의 마지막 문장에 표현되어 있다. "결국 행복한 자는 모든 선입견으로부터 자유롭고 고대인과 현대인의 덕德에 민감한 자라는 결론을 내렸다. On conclut enfin qu'heureux est celui qui, dégagé de tous les préjugés, est sensible au mérite des anciens et des modernes."[31]

이 문장은 《백과전서Encyclopédie》의 "근대moderne" 항목의 전면에 중요한 원리로 제시되어 있다. 이 《백과전서》는 다양한 경험 영역들에서 현재의 시작을 과거의 다양한 시점으로 옮겨놓았다. 우리는 이미 카롤링 왕조 르네상스에서 유래한 인용문에서 이러한 시대 구분을 경험했는데, 볼테르는 "현대modern문학은 뵈티우스Boetius와 함께, 현대 천문학은 코페르니쿠스와 함께, 비록 17세기에 데카르트가 창시자로 간주되었지만 현대 물리학은 뉴턴과 함께 시작되었다"고 주장한다. 이에 반해 현대 미적 감각은 시대 구분에 의해 규정될 수 없고, "고대적인 것에 대한 절대적 대립으로서가 아닌 non par opposition absolue à ce qui est ancien" 나쁜 미적 감각과의 질적인 대조를 통해서 규정될 수 있다.[32]

c —

《백과전서》가 다시금 고대를 현대modern 미적 감각의 훌륭한 기준으로 언급한다는 사실은 18세기에 지배적이었던 고전주의에 직면하여 "논쟁Querelle"에서 제시된 가능성, 즉 각각의 시대 예술을 모든 이전 시대들의 예술과 동등하게 평가하는 가능성이 아직 실현되

근대적/근대성, 근대

지 않고 있었다는 것을 분명하게 보여준다. 이는 형용사 '근대적
modern'이 고전주의 맥락 속에서 현재가 독립적인 것으로서 자신을
과거와 분리하는 데 기여하지 못하고, 당시에 지배적이었던(고대에
서 받아들인) "예술"이라는 제도를 '근대적'이 지닌 첫 번째 의미로
특징지어졌다는 것을 보여준다. 그리고 이는 — 이후 몽테스키외
Montesquieu 시대에 분명해지듯이 — 현재가 고대를 뒤따라갈 수
없다는 열등감을 지니고 있다는 것을 입증해준다. "우리 근대인은
위대함을 갈구함으로써 단순함을 잃고, 단순함을 갈구함으로써 위
대함을 잃게 된다. nos modernes, en cherchant le grand, perdent le simple,
ou, en cherchant le simple, perdent le grand."[33]

d —

18세기의 정치학이나 정치 이론에서 '근대적modern'은 드물게 사용
되었는데, "신구 문학 논쟁Querelle des Anciens et des Modernes"을 통
해 얻어진 새로운 가능성들의 영향 때문에 그렇게 된 것이라고 하
기는 어렵다. 루소Roussau는 《사회계약론》에서 중세 봉건지배 체제
원리를 '근대적'인 것으로 간주하고, 그 체제에서 전파된 인류사의
데카당스 모델의 틀 안에서 현재를 앞선 시대로서 고대와 비교하면
서 현재의 열등함을 입증한다. "인류를 타락하게 만든 편파적이고
불합리한 봉건 정부에서 비롯된 '대표자'라는 생각은 근대적이다.
옛 공화국은 물론이고 군주국에서조차 민중이 대표자가 되었던 적
은 한 번도 없다. L'idée des Représéntans est moderne: elle nous vient du

Gouvernement féodal, de cet inique et absurde Gouvernement dans lequel l'espèce humaine est dégradée...... Dans les anciennes République et même dans les monarchies, jamais le Peuple n'eut de réprésentans."[34] 그러나 당시 고전주의 예술 이론들과는 대조적으로, 루소는 고대를 모범적인 패러다임이라고 하지 않았다. 고대 사회들 또한 분업과 소외에 기초하고 있었기 때문이다. 그 사회들은 보편적인 사회사의 "원죄" 뒤에 놓여있었다.

'근대적'이 프랑스혁명 때 국민의회와 자코뱅 클럽 앞에서 행해진 연설들에서[35] 현재를 "앙시엥 레짐Ancien Régime"과 구분하는 일반적인 표현이 되지 못했다는 것은 일견 놀라운 일일 수 있다. 그러나 이것은 정치 혁명가들의 자기이해로부터 설명될 수 있다. 정치 혁명가들은 1789년 7월 14일이나 1792년 8월 10일 같은 날들을 과거의 절대주의와의 단절이라는 전환점으로 평가한다. 다시는 되돌아가서는 안 될 과거로. 그러나 그들은 잇따라 쇄도하는 정치적인 변혁으로부터 자신들의 시대가 단지 미래를 준비하는 과도기 상태에 불과하다는 새로운 역사적 경험을 획득했다. 이 때문에 그들은 오로지 미래의 인류 앞에서 자신들의 정치적 행위의 진보성을 책임져야 한다는 경험을 획득한 것이다. 진보에 대한 절대적인 의무 의식은 이른바 생쥐스트Saint-Just가 루이 16세를 처형하는 논리로 강변될 수 있었다. 사람들이 처형에 소스라치게 놀란다면, 현대는 후대의 비난에, 고대 폭군의 암살자인 브루투스Brutus의 공화주의적 무드보다 뒤떨어졌다는 비난에 직면하게 된다. "우리는 언젠가 18세기의 우리가 카이사르 시대보다 뒤떨어졌다는 것을 깨달으며 놀라게 될 것이다. On s'étonnera un jour qu'au XVIII siècle on ait été moins avancé que du temps de César."[36]

e ―

혁명에 대한 이러한 경험들이 18세기에는 프랑스에만 속해있었던 반면에, '근대적'개념의 역사는 17세기의 유산으로 고전주의 미적 감각의 표준과 "논쟁Querelle"의 성과들이 프랑스 밖에서는 특별한 문화사적 경험 지평을 통해 수용되었다는 것을 보여준다. 스페인 계몽주의자인 호베야노스Jovellanos는, 볼테르와 《철학전서》의 상이한 경험 영역에 속해 있는 고대인들과 현대인들이라는 평가 구분에 따라, 고대에는 천재성(예술에 있어서), '근대Moderne'에는 지혜로움 mas sabiduría(학문에 있어서)을 보다 더 귀속시켰다.[37] 우리는 카달소 Cadalso의 《모로코인의 편지Cartas Marruecas》(1789)에서 새 왕조인 부르봉가가 도입한 프랑스 미적 감각의 규범들이 스페인의 자의식과 갈등을 불러일으켰다는 것을 알 수 있다. 그는 옛날 스타일의 스페인 사람은 현대적인 것das Moderne을 풍자한 책들로부터는 타고난 진지함gravedad을 모두 다 잃을 정도로 기뻐할 수 있지만, 그 책들이 현대의 성과에 대한 칭찬을 ― 제아무리 사소한 칭찬이더라도 ― 담고 있다면 그것들을 불쏘시개로 쓰거나 그 작가를 조국의 배반자라고 비난할 것이라고 전한다. 카달소는 외국 문화의 과도한 영향에 대한 저항의 표현으로서, 그리고 "황금시대Siglo de Oro"

라는 규범을 등지는 것에 대한 저항의 표현으로서 현대적인 것das Moderne에 대한 거부를 — 그에게는 매한가지로 무의미한 — 자신의 세대의 통상적인 태도와 대비시킨다. "La generación entera abonima de las generacíones que le han precedido. No lo entiendo."[38]

스페인의 "황금시대"가 대변하는 국가 전성기와의 관련성 같은 것이 독일어권에는 존재하지 않았다. 즉 지난 수세기의 문화를 고전주의에 기초해서 의례적으로 폄하하는 것에 저항할 모티브로서의 연관점이 독일어권에는 존재하지 않았다. 1730년에 출판된《시문학비평 시도》에서 고트쉐드Gottsched가 처음에는 프랑스 "논쟁"의 입장에 서기는 했다. 하지만 이후에는 같은 정도의 강한 확신을 가지고 "고대인Anciens"의 규범적 권리를 옹호했다. 1734년에 출간된《고대인들이 얼마나 교육과 활동에서 현대인들을 능가했는지를 보여주는 이론적 논의Sermo academicus ostendens quantum antiqui eruditione et industria antecellant modernos》에서 할러Haller가 동일한 관점을 취했지만, 자연과학에서 자신의 시대의 우위를 인정하면서 프랑스 계몽주의 입장과 조화를 이루어갔다. 마티니F. Martini는 18세기에 독일어를 사용한 중요한 작가들이 모두 당시에 지배적이었던 이러한 견해를 받아들였다는 것을 보여주는 일련의 증거들을 모아 제시했다.[39] 이 시대의 언어규범을 대변하는 어떤 사전도 고대와 대비된 시대로서의 근대나 이에 대한 가치평가를 담고 있지 않다는 것을 지적하는 것은 중요하다. 《아델룽Adellung》(1777)은 "시대에 뒤진" 뿐만 아니라 "고대적인"이라는 말을 '근대적'의 반대말로 제시

근대적/근대성,
근대

했다. 그러나 《스페란더Sperander》(1728)의 모델에 따라 의미론적인 설명들은 오로지 그 말의 첫 번째 의미인 "새로운", "현재 시대의", "현재 시대에 맞추어진"에 국한되었다.[40]

f —

우리가 한편으로는 프랑스 고전주의의 가치도식들과 "논쟁Querelle"의 결과들이 독일 계몽주의자들에 의해 수용되었다는 것을, 하지만 다른 한편으로는 그것들을 18세기 형용사 '근대적'이 지닌 일반적인 의미 속에서 발견할 수 없다는 것을 확인하는 선에서 그치게 된다면, '근대적'이라는 말의 역사와 관련된 이 부분은 불완전한 상태로 남아 있게 될 것이다. 우리는 독일 계몽주의가 그 개념을 수용하는 과정, 무엇보다도 빈켈만Winckelmann과 헤르더Herder의 글들에서, 이전에는 수면 아래 감추어져 있던 대립을, 한편으로는 고전주의와 다른 한편으로는 다양한 시대들의 고유한 법칙성과 가치성에 대한 "논쟁"을 통한 통찰 간의 대립을 인지할 수 있다. 이 대립은 하나의 물음으로 표현되었는데, 이 물음에 대한 대답이 나중에 낭만주의의 자기이해를 위한 기본 전제가 되었다.

빈켈만은 자신이 발췌한 프랑스 초기 계몽주의자들의 다양한 시대들이 가지고 있는 예술의 일회성은 사회 역사적 근거들에 토대를 두고 있다는 통찰로부터 스타일의 역사에 대한 새로운 원리를 발전시킨다. 그럼에도 불구하고 그는 고대의 모방이 "우리에게 남아있는 유일한 길, 우리가 위대해지려면, 즉 모방될 수 없게 되려면"[41]이라는 확신을 동시에 고집한다. 고대 예술에 대한 고전주의의 복제와 모방을 거부하고, 그 대신 그 시대로 되돌아가기 위한 노력을 "독창력을 계발하는 것으로" 추천한,[42] 따라서 자신이 속한 시대의 역사 연구와 미학 작업을 새로운 방식으로 정리한 헤르더는 "다양한 시대들 간의 이러한 변화의 역사적인 법칙이란 무엇인가"[43]라는 물음을 가장 먼저 제기했다. 그러한 변화는 더 이상 질적 평가에 따라 위계질서를 세울 수 없는 것처럼 보였다. 고유한 법칙성에 대한 이러한 인식으로부터 결론을 이끌어냈을 뿐만 아니라, 그러한 고유한 법칙을 따르는 역사철학 시대들의 연속선상에 놓여있는 구조에 대한 반성을 문제로 제기했다. 이로써 "논쟁"이 끝난 후 거의 반세기만에야 그 결과들을 고대와 중세라는 과거에 대한 현재의 관계를 포괄적으로 새롭게 규정하는 계기가 주어졌다.

2. 역사철학적 반성과 "근대"에 대한 낭만주의적 규정

18~19세기 전환기 이후 독일은, 계몽주의 시대와는 달리, 철학과 미학에서 다른 유럽 국가들에 영향을 미치는 국가였다. 이 사전의 이 항목에서 이제 우리는 '근대적modern'이라는 독일 말에 가장 큰 관심을 두고 그러한 역사적 전환을 고려하고자 한다. 따라서 어떻게 18세기 말 무렵에 근대의 고유한 가치에 대한 철학적 규정이 시대 개념으로서의 '근대적'이라는 말의 새로운 사용을 위한 전제가

근대적/근대성,
근대

되었는지를 볼 수 있게 될 것이다. 이 전제는 위대함의 토대로서도 또한 도달할 수 없는 모범으로서도 고대를 필요로 하지 않는다.

a —

야우스H. R. Jauss는 헤르더가 상이한 시대들 간의 "이러한 변화의 법칙"과 관련해서 제기한 물음에 대한 답변을 1795년 말경에 나온 실러F. Schiller와 슐레겔F.Schlegel의 논문들에 의거한 논문을 통해 자세히 제시했다. 우리는 여기서 이 논문의 결론들을 간단히 요약하고자 한다. 실러와 마찬가지로 슐레겔은 고대와 대비되는 현대의 고유한 가치를 정의하고자 했다. 슐레겔은, 고대에서와는 달리, 더이상 아름다움이 아니라 "흥미로운 것이 현대문학moderne Poesie의 이상"이라는 결론에 도달했다. 실러는 그 두 시대를 특징짓는 것으로서 잘 알려져 있던 구분인 "소박한 문학Dichtung과 감상적인 문학"이라는 구분, 혹은 "자연적인 교육과 인위적인 교육"이라는 슐레겔에 따른 구분을 끌어들인다. 그러나 슐레겔은 현대modern문학의 원리이자 "찢긴 심성"의 표현인 흥미로움을 이것이 지닌 "전체적인 무법칙성" 때문에 아름다움보다 평가절하했다. 이에 반해, 감상적인 문학이 다시는 되찾을 수 없을 정도로 고대문학의 자연스러운 완전성을 잃어버렸다는 의식을 통해 특징지어진다는 것을 인정했지만, 실러는 그 두 시대의 그러한 관계로부터 현대가 열등하다는 결론을 더 이상 내리지 않았다. 역사철학적 모델에 따르면 "논쟁Querelle" 이후 답변을 기다리고 있던 독자적인 시대 관계들에 대한 물음은 그 모델을 통해 답해져야 한다. 고대 작가들은 자연적인 교육을 통해 인위적인 교육에 의해 자연과 단절된 현대modern 작가가 따라갈 수 없는 완전성에 도달했다. 현대 작가는 오로지 이상을 통해서만 잃어버린 통일성을 추구할 수 있다. "그러나 이상이란 그가 결코 도달할 수 없는 요원한 것이기 때문에, 문명화된 인간은 결코 자연적인 인간처럼 예술에서 완전해질 수 없다." 이러한 완전성의 원리에 종속되어짐에 따라 현대 예술이 다시금 고대 예술보다 낙후된 것으로 보이게 된 이때, 실러는 감상적인 예술과 소박한 예술이 추구한 혹은 이미 이룬 목표들에 대한 전통적인 평가를 다음과 같이 뒤집는다. "인간이 예술을 통해 추구하는 목표는 자연을 통해 도달한 것보다 무한히 더 선호되어야 한다."[44] 실러를 현대modern문학의 가장 위대한 대표자로 간주한 훔볼트W. von Humboldt는 무엇 때문에 감상적인 문학이 추구한 목표가 소박한 문학이 이룬 목표와 비교될 수 없을 정도로 고귀하게 평가되어야 하는지를 설명했다. "고대인들은 단순히 그들이 있던 그대로였다. 우리는 또한 우리가 있는 그대로를 인식하며 그 이상을 쳐다본다. 우리는 반성을 통해 우리 자신으로부터 이중적인 인간을 형성했다."[45]

b—

고대와 현대에 각각 속해 있는 고유한 가치에 대한 규정과 역사철학적인 진보 모델 속에서 그것들 간의 중재를 꾀함으로써, 슐레겔과 실러는 구속력을 지니고 있던 고대의 패러다임으로부터 현대의

근대적/근대성,
근대

의식을 완전히 자유롭게 하는 데 필요한 결정적인 전제들을 마련했다. 1808년에 슐레겔은 "사람들이 고대 혹은 고전주의 예술과 대비되는 현대modern 예술의 고유한 정신을 위해 낭만적이라는 말을 창안해냈다는 것"을 밝혀낼 수 있었다.[46] '낭만적'이라는 말의 역사는 기사소설이라는 문학 장르에까지 추적될 수 있는데,[47] 당시의 현재를 '낭만적'이라는 말로 특징지었다는 것은 다음을 시사해준다. 세계사적 연대와 인간의 연령대를 비교하고자 한 페로가 거론하지 않고 남겨둔 중세가 고대와 완전히 분리된 현대 기독교 시대의 시작과 절정으로서 보충되었다는 것을, 그리고 낭만주의자들이 그 끝에 자신들이 있다고 믿었다는 것을 시사해준다. 마담 드 스탈Mme de Staël에게서는 이러한 새로운 세계상에 대한 수용이 한편으로는 낭만주의자들이 고전주의적 미적 감각의 기준들에 이별을 고함으로써 '고전적'이라는 말이 고대 예술을 위한 술어로서 규범적 의미를 상실했다는 것을, 다른 한편으로는 예술의 시대에 관한 논의로부터 발생한 '고전주의적'과 '낭만주의적'이라는 구분이 포괄적인 타당성을 가지고 세계사적 시대들에 적용되었다는 것을 보여준다. "여기서는 이것을 고전주의 시를 고대의 시라고 여기며 낭만주의 시를 기사도적 전통으로 인식하고자 하는 의미에서 사용하고자 한다. 이러한 구분은 기독교 창립 전후 시대를 일컫는 세계의 두 시대와 관련이 있다. Je m'en sers ici (sc. du mot 'claasique') dan une autre acception, en considérant la poésie classique comme celle des anciens, et la poésie romantique comme celle qui tiente de quelque manière aux traditions chevaleresque. Cette division se rapporte également aux deux ères du monde: celle qui a précedé l'établissement du christiansime et celle qui l'a suivi."[48]

c —

계몽주의에서 통용된 의미인 시대 개념으로서 '근대적'과는 대조적으로, '낭만주의적' 혹은 '근대적'이라는 술어들에 의해 특징지어지는 현재에 대한 새로운 이해는 19세기 초의 독일 사전들에서도 발견된다. 개념사를 연구하는 방법에 대해 우리가 앞서 행한 이론적인 사고가 옳다면, 이렇게 입증된 그 말이 언어규범으로 유입된 것은, 이미 18세기 전반에 걸쳐 이루어진 현재와 과거의 구분에 관한 철학적인 논의가 비로소 이 시점에서 사회적으로 일반적인 시대 체험의 변화와 접점을 이루었다는 것을 증명해준다. 1817년에 나온 브로크하우스Brockhaus의 《회화사전Conversationslexikon》은 소박한 문학과 감상적인 문학이라는 실러의 구분에서 출발하여 고대, 기독교-근대적 시대라는 세계사적 구분을 받아들인다. 그리고 후자를 자세하게 규정하는 과정에서 그 시대가 본질적으로 지니고 있는 복고적인 성향을 정당화하고자 한다. 그것은 "일신교와 군주 정체와 일부일처제"라는 세 가지 원리에 의해 특징지어진다. 그리고 이 세 가지 원리는 다시금 중세 이후 지배적이었던 "게르만적 특성"에서 공통된 토대를 발견한다.[49] 이러한 규정은 1830년대 전환기까지 마클로트Macklot의 《회화-사전Coversations-Lexikon》(1818)[50]과 브로크하우스의 새로운 판들에도 의미에 걸맞게 등장한다. 반면에 에버하

르트/마스Eberhar/Maass의 《독일어 동의어 사전Teutsche Synonymik》
(1827)과 하인시우스Heinsius의 《중형 백과사전Enzyklopädisches Hand-Wörterbuch》(1828)은 단지 첫 번째 의미로서의 '근대적'을 제시하고
있다.[51] 영국에서는 리스Rees의 《백과사전Cyclopedia》이 1819년에도
프랑스 계몽주의의 《백과전서Encyclopédie》에서 제시된 다양한 경험
영역에서의 현대적인 것das Moderne에 대한 차별화된 규정들을 반복
하지만, 《백과전서Encyclopédie》와는 다르게 현대modern 건축술이 고
딕 요소들을 포함해도 된다는 것을 승인한다. "현대 건축술은 비율
을 고려하거나 적절한 판단을 하지 않은 채 고딕의 요소들이나 장
식을 빌려온다. whence it borrows members and ornaments, without
proportion or judgment."[52]

d—

현대적인 것Das Moderne에 대한 낭만주의적 규정이 사전들에 도입
되기에 앞서, 독일의 미학 논의는 '근대적'과 '낭만주의'라는 술어들
에 의해 특징지어진 개념들에 대한 새로운 구분을 진행했다. 이는
과거로서의 낭만주의와 작별을 고했고, 가장 최근의 현대 예술로서
의 현대적인 것에 대한 부정적인 평가로 가져왔다. 1815년에 출간
된 《옛 문학과 새로운 문학의 역사Geschichte der alten und neuen
Literatur》에 관한 강의에서 슐레겔은 '근대적'인, 그러나 그에게는
더 이상 낭만주의적이지 않은 그러한 경향의 문학을 비판했다. 이
문학은 15년 후에 청년 독일 운동에 의해 하나의 원리로 승화되었

고, 세 번째 의미로서의 '근대적'이라는 말의 사용을 끌어들였다. 그것은 오로지 "현재에만 편승하고 실재성을 축소시키면서 잘못된 방식으로 인생에 영향을 미치고자 한다."[53] 헤겔은 몇 년 후에 출간된 《미학Ästhetik》에서 고대 이전 시대, 고대, 그리고 낭만주의에 각각의 시대를 지배했던 창작 방법을, 즉 서정시·서사시·희곡을 귀속시켰다. 또한 그는 슐레겔처럼 자신이 속한 그러나 폐쇄적인 것으로 간주된 낭만주의 시대를 잇는 현재에 대해 부정적으로 언급했다. 그래서 그는 셰익스피어 희곡들에 나오는 인물들을 "'현대적 modern'인 성격들의 비참함과 반대되는 것" — "예를 들자면 겉으로는 최고로 고귀하고 위대하고 뛰어난 것처럼 보이지만 속으로는 단지 쓰레기에 불과한 구역질나는 성격들"[54]이라고 했다. 헤겔에 따르면 독일 고전주의와 함께 전성기를 이루고 그것과 함께 종말을 맞는 근대는 중세의 전성기에 그 기원을 두고 있는 것이 아니라, "종교개혁의 원리"에 그 기원을 두고 있다.[55]

e —

슐레겔과 헤겔에 의해 수행된 낭만주의적인 것과, 처음에는 부정적으로 평가된 '근대적modern'인 현재의 구분은 1830년부터 점점 더 많이 일어나는 "시대 운동"에 대한 긍정적인 평가로 무난하게 이어졌다. 그러나 사회사적 방법으로서 개념사는 지난 시대들에 대한 그때그때 진보된 자기이해의 상황을 회고적으로 대변해주는 증거들만을 고려할 수는 없다. 1820년에도 괴테는 여전히 고대 교육을 '근대적'

예술의 필연적인 조건으로 간주했다.[56] 그리고 1821년에 아르님A. von Arnim은 '고대적' 그리고 '근대적'이라는 말들에 의해 가능해진 세계사의 시대 구분을 "전체에 대한 각각의 조망을 가로막는 벽"이라고 특징지었다.[57] 프랑스에서 위고V. Hugo는 7월혁명의 해에 그러한 "낭만주의romantisme"를 "문학의 자유주의libéralism en littérature"로 선전했다.[58] 즉 슐레겔과 헤겔이 이미 5년 전에 종말을 확인했던 복고주의적인 "앙시엠 레짐Ancien Régime"을 극복한 이후 시대에 적합한 예술 원리로 선전했다.

그러나 1830년 이후 '근대적modern'이라는 말의 의미 변천의 방향을 지시해주는 것은 오히려 낭만주의와 '근대적'인 현재의 차이에 대한 의식을 가지고 그 차이를 실용정신에 의해 특징지어진 것으로 간주하는 증거들이다. 휴브너Hübner의 《신문과 회화사전》(1826)에는 "북미의 자유국가들"이 패러다임으로 제시되었는데, 그곳에서는 이미 현대적인 것Das Moderne이라는 것이 일반적으로 "유용함"이 지배하는 것을 의미한다.[59] 이 사전의 항목이 이미 통용되고 있는 근대에 대한 이해를 받아들이고 있다는 것은, 셸링Shelling의 문장, 즉 "아카데미적인 연구의 방법에 대한 강의"와 같은 인용문들이 잘 보여준다. 여기에서는 "실용정신을 역사에서 가장 최고인 것으로 간주하는" 현대인die Modernen들의 성향을 개탄하고 있다.[60]

낭만주의를 '근대적' 개념의 의미사 틀 안에서 과도기로 명시하는 것이 마지막에 인용된 정의들에 대한 저항으로 이해될 수 있다.

19세기 첫 10년 동안 "신구 문학 논쟁"에서 제시된 현재에 대한 이해와 고대라는 모범과의 분리가 완수되었고 이는 언어규범으로 유입되었다. 1830년 이후에 일어난 시대 감정의 근본적인 변환이 그 언어규범에 상응한다.

코젤렉의
개념사 사전 8
개혁과 (종교)개혁

Re
form,
Reforma
tion

IV

"1830년에 더 이상 옛 유럽을 알지 못하는 새로운 정치세대가 무대에 등장한다." 이는 코 첼렉이 7월혁명 이후 정치사의 전제로 확인한 것으로, 가장 넓은 의미에서 철학과 예술과 자연과학에 있어서도 타당하다. 이는 무엇 때문에 이 시대에 계몽주의와 낭만주의 시대의 추세로 반영된 현상들이 현대를 특징짓는 것으로 체험됐는지를 부분적으로 설명해준다.

Chapter

IV

1. 유럽 3월혁명과 현대적인 것das Moderne의 의미 축소

●●●   "1830년에 더 이상 옛 유럽을 알지 못하는 새로운 정치세대가 무대에 등장한다."[61] 이는 코젤렉R. Kozellek이 7월혁명 이후 정치사의 전제로 확인한 것으로, 가장 넓은 의미에서 철학과 예술과 자연과학에 있어서도 타당하다. 이는 무엇 때문에 이때 계몽주의와 낭만주의 시대에야 비로소 두드러졌던 현상들이 현대를 특징짓는 것으로 체험되었는지를 부분적으로 설명해준다. 경제학과 — 최근 수십 년에 걸쳐 탄생한 학과인 — 사회학과 자연과학의 문제들에 대한 관심의 증가가 그러한 현상들에 속한다. 낭만주의에 대한 통상적인 선호가 전도된 상태로, 이 문제들이 이제 미학이론이나 활동보다 훨씬 더 현실적인 것으로 간주된 것이다.[62] 그러나 새로운 세대의 변화된 현재에 대한 의식의 "공통분모"는 "가속

에 대한 경험"63 그리고 이러한 경험과 함께 "각각의 새로운 근대성 Modernität은 자기자신을 추월하게끔 규정되어 있다"는 통찰이다. 우리는 이를 '근대적'개념의 통상적인 사용으로부터 벗어난, 과도기로 감지된 현재를 칭하기 위한 시대 개념으로 받아들일 수 있다.

a ——

1832년에 스탕달Stendahl이 대혁명 이후 당시의 현재까지 시기를 "혁명의 시대siècle de la Révolution"라고 불렀을 때, 그는 낭만주의자들처럼 단지 그 시대의 시작을 (당연히 매우 가깝게 정해진 상태로) 규정함으로써 자신의 시대를 정의하는 것처럼 보인다. 그가 지닌 시대 감정의 본질적인 새로운 계기는 그의 작품에서 그가 가까운 미래 시점에 대해 수행한 반성을 통해 비로소 분명해진다. 그 시점에서 바라보면 지금 막 쓴 것이 과거에 속한 것으로, 그럼으로써 현실적인 것이 아닌 것으로 나타날 수 있다. "만일 내가 1835년에도 살아있다면 내가 결정하고 쓴 것을 다시 읽어보고 어떤 생각을 할까? Que penserai-je de ce que je me sens disposé à écrire en le relisant vers 1835, si je vis?"64 라 브뤼에르La Bruyère와는 달리 스탕달에 있어서 현재에 대한 미래의 판단에 대한 고려는 그 당시 자신의 행동의 타당성에 대한 새로운 평가 결과를 낳는다. "나의 철학은 글을 쓰는 오늘의 것이다. ma philosophie est du jour où j'écris."65

거의 30년 후인 1859년에 보들레르Baudelaire는 《근대적 삶의 화가Le peintre de la vie moderne》에서 이러한 새로운 시대 감정을 근대성

Modernität에 대한 미학이론으로 탈바꿈시켰다. 이 이론은 20세기 예술가들의 아방가르드에 대한 자기이해에 적용되는데, 여기서 우리는 개념사의 연대기적 과정을 선취하면서 그것의 골격을 제시하고자 한다. "각각의 과거가 자신을 현재로, 그리고 자신의 예술을 현대적modern인 것으로 체험했다는 것에Il y a eu modernité pour chaque peintre ancien" 대한 통찰은 계속 보들레르를 다음의 결론에 도달하게 된 최초의 사람으로 만들었다. 즉 '근대적modern'과 '근대성Modernität'이라는 말이 더 이상 낭만주의자들이 전제했듯이 가장 최근의 시대라는 특수성이 아니라 아름다움에 대한 모든 다양한, 그러나 여전히 무상한 인간의 이념들을 특징짓는 것이라는 결론에 말이다. "근대성은 이행, 순간적인 것, 그리고 우연성이다. La modernité, c'est le transitoire, le fugitif, le contingent." 일시적인 다양한 이상들에 대한 구상을 담지하고 있는 근대성modernité 개념에는 이제 더 이상 과거의 본질로서 '고대antiquité'가 대립되는 것이 아니라, 불멸적인 것만이 대립된다. 근대적인 것Das Moderne과 영원이라는 두 원리는 "아름다움의 이중적인 본성" 속에서 서로를 보완한다. 문학의 과제는 일시적인 것으로부터 문학적인 것에 담겨있는 것을 분리하는 데 있다. 이로써 영원이 근대적인 것과 대립 축을 이룰 수 있다. "유행이 내포하는 연대기적 시학과 일시적인 것의 영원함을 추출하다. dégager de la mode ce qu'elle peut contenir de poétique dans l'historique, de tirer l'éternel du transitoire."[66]

b —

이 개념사의 틀 안에서 보들레르의 근대성 이론이 예술의 자기이해를 위한 전환점만을 강조하는 것은 아니다. 그것은 또한 시간의 역사화[67]의 결과, 특히 보들레르의 경우 과거 시대들 그 자체가 현재였다는 통찰의 결과로, 어떻게 세 번째 의미로서의 '근대적' 개념 사용이 '영원한'이라는 말의 반대말이 되는지를 인식하게 해준다. 유럽 3월혁명 전 기간에도 시간의 역사화는 역사 기술에 있어서 어려운 과제였다. 현재가 더 이상 그것을 기점으로 과거를 과거로 판단하게 해주는 기준점이 되지 않았기 때문이다. "논쟁Querelle"의 논의를 통해 세계사의 시대들을 동일화하는 원리가 마련된 이래, 그러한 새로운 경험도 역사주의를 자극한 것처럼 보인다. 새로운 시대 체험이 현대사를 파악하는 데 있어서 명백한 어려움으로 처음 나타났다. 1843년에 폰 슈타인L. von Stein은 이렇게 썼다. "옛 상황들은 전복되었고, 새로운 상황이 등장하고 있다. 이것조차 더 새로운 것에 의해 퇴치되었다. …… 마치 역사에 대한 역사기술이 더 이상 뒤따를 수 없는 듯이."[68]

1849년 라마르틴Lamartine은 현대사가 "더 이상 역사 기술의 한 장르로 존재하지 않는다. Il n'y a plus d'histoire contemporaine"는 통찰을 보다 더 자세한 근거로 제시했다. 실제적인 체험oeil과 기억 mémoire 사이에서 자신을 보존하는 커다란 사건들의 결과가 아주 급작스럽게 나타날 수 있다. 예전에는 현재로 간주된 자신의 삶의 기억들이 부단히 먼 과거로 나타날 정도로 말이다. "어제는 이미 과거의 그림자 속으로 사라지는 듯하다. Les jours d'hier semblent déjà enfoncés dans l'ombre du passe."[69] 시간의 역사화는 삶에서 체험된 사건들이 과거로 나타날 수 있는 사유 모델에 의해 경험이 되었다.

c —

독일청년운동에서 이와 유사한 의식의 출발점은 인접한 과거를 명시적으로 종결된, 현재와 질적으로 다른 시대로 치부하는 것이었다. 그 대변자 중 하나인 하이네H. Heine는 1828년에 이미 "괴테 시대의 원리와 예술 이념"이 의미를 잃었다는 것을 확인했고, 헤겔이 죽은 후인 1834년에 "철학 혁명이 끝났음"을 선언했다.[70] 그리고 이미 1831년에 이제 "괴테의 요람에서 시작해서 그의 관에서 끝날 것이라는 예술시대의 종말에 대한" 자신의 "예언이 곧 실현될 것이다"라고 생각했다.[71] 헤겔 또한 예술의 종말이 자신이 속해있는 현재에 이루어질 것이라고 믿었다.[72] 위고Hugo는 1830년경을 변혁의 순간으로 체험했다. 하이네는 자신에게는 여전히 "진부한 옛 체제인 신성로마제국의 과거에 뿌리를 둔 원리"를 지니고 있는 낭만주의를 극복하고자 하는 노력을 통해서 자신을 위고와 차별화했다.

위고는 "혁명적인 예술, 문학의 자유주의libéralisme en littérature"로 낭만주의를 "앙시엥 레짐Ancien Régime"을 대변하는 "고전주의 규칙들les règles d'Aubignac"로 대체하고자 했다. 슐레겔과 헤겔처럼 하이네는 낭만주의 시대와 자신이 속해있는 현재 사이의 단절을 보았다. 하지만 그는 그들처럼 현재의 예술이 더 이상 가능하지 않다거

나 옛 예술에 필연적으로 뒤처져 있다고 믿지 않았다. 그는 "이와
는 반대로 이 시대의 운동이 예술에 유익해져야 한다"고 생각했
다.[73]

"현실적인 것, 현존하는 것으로부터 적당한 관계 속에서 무엇을
적당하게 선택할 수 있는지"를 주제화하는 노력은 1835년에 나온
라우베H. Laube의 논문에서 "현재적modern 정서법"을 확인하는 기
준으로 간주됐다.[74] 이는 실질적으로 새로운 문학의 옹호자들을 통
합하는 계기가 되었다. 이 문학의 "메시아는 단지 시간 (다시 말해서
현재) 그 자체여야 한다. 즉 모든 개별적인 힘들은 현재에 대한 기
여를 통해 그리고 현재의 이념들을 위한 작업을 통해 확고하게" 유
지된다.[75]

현재에 대해 단호한 관심을 가지고 있었다는 동질성에도 불구하
고 청년독일파의 옹호자들이 모두 동일한 근대성Modernität 의식을
가진 것은 아니다. 사람들은 한편으로 시대로서의 그 새로운 시대
를 과거와 구분하기 위해서 그 시대를 특징짓는 특정한 경향을 귀
속시켰다. 따라서 "성장하는 대중정신과 절대적인 군주제와의 투
쟁"[76]이 그들의 최우선 과제였다. "삶"과 "글쓰기"의 분리가 불가능
하다는 것이 근대문학의 법칙이다. "산문Prosa이 '근대적' 정서법이
다."[78] 이러한 기능을 통해 '근대적' 개념은, 그 두 번째 의미를 지니
는 시대 명칭으로 남았다. 청년독일파 작가들이 자신들의 현재의 시
작을, 낭만주의자들이 수백 년 전으로 파악했던 것과는 달리, 1830
년이라는 인접한 과거로 파악했음에도 불구하고 말이다. 다른 한편

구츠코프Gutzkow는 '근대적' 개념은 "우아함, 새로운 추구의 미적 법칙뿐만 아니라 세련미의 법칙"을 위한 술어로서 고대나 중세 또는 낭만주의 예술을 토대로 규정했다. 그에게 있어서 그 개념은 어떤 시대의 본질적인 고유성을 분명하게 칭하는 것이 아니라, 자신이 속한 현재와 과거의 현상들을 역사적인 것으로 관찰하는 관찰자의 특이한 관계를 칭하는 것이다. "따라서 모순이나 대립 혹은 그 어떤 관계 설정도 하지 않고 그 자체로만 고찰했을 때, 근대적인 것은 떠도는 순간에 존재하는 객관적인 것, 즉 시대적인 사실이다." 시간에 대한 그러한 역사화로부터 자신이 속한 그리고 일시적인 현재에 대한 체험이 나온다. '근대적' 장르(취향)는 급작스럽게 탄생하고, 빨리 퍼지며, 빨리 사라지고 소멸한다. 종종 그것이 비판을 체험하기도 전에 말이다."[79]

d —

'근대적'의 세 번째 의미로 이러한 사용은 국가철학이라는 경험 영역에서도 간과될 수 없다. 그 증거로 우리는 마르크스Marx가 젊은 시절이던 1843년에 출간한 《헤겔 국법론 비판Kritik des Hegelschen Staatsrecht》을 인용한다. 마르크스는 "헤겔의 참된 국가 이념"이 현존하는 현실성과 모순이 된다는 것을 증명하고자 했다. 헤겔은 자신의 《법철학Philosophie des Rechts》 262절에서 국가를 "실제적인 이념"으로 규정했다. 즉 "자신의 유한한 이념적인 두 영역인 가족과 시민사회로 분리되는 정신, 즉 이것들의 이념성으로부터 무한하고 실제적인 정신이 되기 위해 그렇게 분리되는 정신"으로 규정했다. 마르크스는 이러한 생각의 토대, 즉 실질적인 주체(여기에서는 가족과 사회)를 실질적인 술어(여기서는 국가)로 만들고자 하는 헤겔의 의도를 비판한다. 마르크스에 따르면 가족이나 사회라는 버팀목 없이는 국가가 존재할 수 없다는 사실로부터 출발하는 것이 보다 더 합당하다. 이로써 국가가 정치적인 현실 속에서 소외된 채 그것들과 대립해 있다는 것이 드러날 수 있기 때문이다. 국가와 사회라는 이원론은 중세에 이미 존재했다. 그러나 국가가 인간을 체제와 관료화를 통해서 대상화된 것으로 만나는 근대에 그 이원론이 명백해졌다. "대의체제는 위대한 진보이다. 왜냐하면 그것은 근대국가 상태에 대한 왜곡되지 않은 분명한 표현이기 때문이다. 그것은 노골적인 모순이다."[80]

마르크스가 대의체제를 근대국가와 중세국가를 구분하는 기준으로 삼았다면, 18세기의 기준과는 다른, 자신이 속한 시대에서 통용된 시대 구분을 따르는 것이다. 이러한 구분은 17세기의 영국을 중세가 남긴 몇 안 되는 잔재의 향기를 가까스로 보존하는 근대국가 une nation toute moderne, qui a seulement préservé dans son sein et comme embaumé quelques débris du moyen âge"[81]로 규정한 토크빌A.de Tocqueville에도 존재한다. 마르크스와 토크빌의 본질적인 차이는 '근대적'이라는 개념이 수행한 시대적 구분에 놓여있는 것이 아니라, 그때그때 함축된 평가에 놓여있다. 마르크스는 근대국가의 성취를 국가로 말미암아 국가에 존재하는 소외를 극복하기 위한 전제로, 그럼으로써 소외를 제거하기 위한 준비 단계로 환영했다. 반면에 토크빌은 과거의 성과, 현재에 보존되어야 할, 그리고 모든 나라에서 실현되어야 할 성과로 축복했다.

e —

3월혁명 이전에 나온 독일 사전들[82]에 따르면, 미학의 경험 영역에서 관찰된 술어 '근대적'의 사용은 과도기적으로 체험된 현재를 칭하기 위한 것이 아니었으며, 국가철학 영역에서 사용된 시대 명칭으로서의 언어규범에로도 흡수되지 않았다. 《모든 계층을 위한 최신 회화사전Neueste Conversationslexikon für alle Stände》(1836)과 하이제Heyse의 《일반 외국어 사전Allgemeines Fremdwörterbuch》(1838)은 첫 번째 의미의 '근대적'뿐만 아니라 낭만주의에서 태동한 의미도 기재하고 있다.[83] 비로소 피러Pierer의 《보편사전Universal-Lexikon》(1843)이 시대 개념으로 '근대적'에 의해 포섭된 기간의 축소화를 기재하고 있다. 이러한 축소가 근본적으로 그 개념의 두 번째 의미가 세번째 의미에 의해 대체되었다는 것을 뜻하는 것은 아니다. 그러나 헤겔이 《미학》에서 낭만주의 시대를 설정할 때 그러한 대체가 이루어졌다. "새로운 예술과 문학에서 고유한 의미로서의 근대적인 것은 옛 낭만주의가 고대 그리스와 로마 문학과 예술에 대한 새로워진 연구를 통해 변화된 시대와 함께 시작한다."[84] 만츠Manz의 《일반 전문어 사전Allgemeiner Realencyclopädie》에는 새로운 구분이 독일 고전주의의 관념론의 역사적인 기초화에 전제되어 있다는 것을 분명하게 보여주는 기술이 있다. "그러한 형태를 잡아가고 있는 근대적인 것은 고대와 낭만주의를 보다 차원 높게 통일적으로 결합하고 이념의 지배를 모든 잡다한 것들에게까지 타당하게 만드는 노력을 하고 있다."[85] 그러나 헤겔과 슐레겔은 독일 고전주의 시대를 여전히 '낭만주의적'이라는 술어로 특징짓고, 그것이 성취한 완전성에 비해 데카당스한 것으로 평가된 자신들이 속해있는 '근대'와 구분했다. 이에 반해 1853년의 브로크하우스가 제시한 바와 같이, 세 단계의 도식에서는 '근대적'이 국가 고전주의와 현재와의 구분이 제거된 상태로 사용된다. "따라서 최근에는 고대 고전주의, 낭만주의-중세, 근대적이라는 구분이 아주 일반적인 것이 되었다."[86] 19세기 중엽에는 '근대적modern'이라는 말의 의미규범과 청년독일파 작가들을 통해 완전히 새로운 시대 경험이 각인된 그 말의 사용이 병존하게 되었다는 것은 분명하다.

2. 1850년 이후 새로운 현재 의식의 비판과 발전

"서로 공통된 것으로 볼 수 있는 진보의 이상과 진보에 대한 저주의 이상은 결국 전자가 후자로 답을 한 것이다. En somme, à l'idole du progrès répondit l'idole de la malédiction du progrès ce qui fit duex lieux communs."[87] 이 명제로 발레리P. Valéry는 우리 개념사의 이 부분과 이전 부분의 대상인 19세기를 특징짓는 두 시대 경험의 대립을 익

살스럽게, 거의 자연과학적인 의미에서 "자극과 반응"으로 귀결지었다. 새로운 현재 의식에 대한 "매도"를 역사적으로 이해하기 위해서는 이러한 반응의 동기들에 대해, 즉 발레리가 시사하는 인과 도식 내에 자리를 차지하고 있지 않은 동기들에 대해 물어야 한다. 그것들은 분명히 사회적으로 중재된 현재 의식의 정당화 기능과 밀접한 관련이 있다. 제도들, 즉 수백 년 전에 시작되어 그 구조와 내용이 그것들이 탄생한 시대에 의해 각인된 제도들은 사회에 대한 지식 속에 축적된 시대의식을 필요로 한다. 그리고 적어도 이러한 의식 속에는 현재가 그 시작점까지 거슬러 올라간다. 그렇지 않을 경우 그 제도들은 과거의 잔재로 새로운 현재에 변화될 필요가 있는 것으로 나타나게 될 위험에 빠지게 된다. 이러한 의미에서 중세 때 기초 지어진 기독교-근대적 시대의 낭만주의 개념은 왕정 복구에 대한 정당성이었다. 이에 반해 역사의 연속성에 대한 의식을 통한 정당화를 필요로 하는 사회질서의 추종자들은 변화된, 그러나 여전히 '근대적'이라고 칭해진 현재 개념der Begriff der Gegenwart(이 개념 속에서 현재의 시작이 그것이 속한 세기에 가까이 다가가고 그 안으로 진입했는데)을 비판할 뿐만 아니라, 더 나아가 지속적인 제도 변화에 대한 요구가 그 결과인 과도기적 순간으로서 현재에 대한 체험을 더욱 강하게 비판한다.

a —

물론 1848년 이후 청년독일파가 전형적으로 사용한 근대성

Modernität 개념이 구 지배체제의 대변인에 의해서만 공격을 당한 것이 아니다. 새로운 세대의 문학가들이 자주 자신들을 '근대적'이라고 부른 것은 사실이다. 하지만 그들은 절대 첫 번째 의미로 이 개념의 사용을 실용주의적인 요구와 결부시키지 않았다. 오히려 그들은 구시대 사람들이 보인 실재성에 대한 추구와 의식적인 단절을 꾀함으로써, 시대 초월적으로 타당한 중요한 가치를 찾았다. "우리 근대인Modernen들은 어떠한 환상에도 젖어들지 않고자 한다. 표현법, 문학, 비판과 반성은 우리를 음울하고 비참하고 어리석고 혼란스럽고 부패하게 만들었기 때문이다."[88] 폰타네Fontane는 지나치게 현재에 의존해 발생하는 그러한 공허함을 다시 채워줄 수 있는 예술원리로 실재론을 이해했다. "예술에 있어서 실재론은 예술 그 자체와 마찬가지로 오래되었다. 아니, 오히려 실재론이 예술이다. 우리의 '근대적' 진로는 병자에게 유일하게 올바른 길인 회복으로의 귀환에 불과하다."[89] 이와 마찬가지로 슈티프터Stiefter는 통상적인 미적 감각의 장식과 과장에 객관성, 소박성과 순결성을 대비시키고자 했다. 그러나 폰타네와는 달리 슈티프터는 '근대적'이라는 술어를 자신이 거리를 두고 싶어하는 추세들을 특징짓기 위한 말로 계속 사용했다. "근대예술과 문학의 오류들."[90] 이렇게 사용될 때, 그 개념은 슈티프터가 거부한 예술 프로그램의 내용적인 의미들을 여전히 지니고 있었다. 폰타네에게는 그러한 의미들이 '근대적'이라는 술어에서 이미 완전히 분리되었다.

b —

자신들에게 진부하게 비치는 현실성에 대한 추구를 새로운 시대 초월적인 예술원리로 대체하고자 한 실재론자들의 자기이해보다 더 특징적인 것은 19세기 후반기에 일어난, 물려받은 질서와 가치의 적으로 규정된 모더니즘Modernismus과의 신랄한 논쟁이다. 프로이센 의회의 가톨릭정당 지도자 라이헨슈페르거A.Reichensperger가 편집하고 1872년에 출간된 《구와 슬로건Phrasen und Schlagwoertern》 전집의 세 번째 판에는 '근대적modern'이라는 자유로운 슬로건에 대한 평가절하가 문화와 정치적 적들에 대한 공격으로, 사실적 논증을 포기할 수 있는 공격으로 나타났다. 외견상 많은 모순들이 발생했다. '근대적' 개념은 "이미 옛 작가들에게서도" 발견되며, 따라서 본디 '근대적'이지 않다. 마치 붙여진 개념이 그 개념의 역사에 의해 평가절하될 수 있는 것처럼. "19세기의 조명 아래 있는 사람들에게는" 그 개념이 거론될 때 "어떤 경건함"이 엄습한다. 종교적인 감정에 초연함에도 불구하고 그렇다. 마치 그러한 경건함이 단순히 각인된 적의에 찬 과장에 불과한 것이 아니라 진실된 것인 것처럼. 쾰른 대성당 건축의 후원자 가운데 한 사람인 라이헨슈페르거가 공개적으로 경멸한 근대예술은 부도덕한 것으로 고발되었다. "그것의 장기는 나체에 있다. …… 그럼에도 사람들은 그것으로부터 고대 그리스 예술의 이상적인 나체성을 결코 생각할 수 없다."[91] 1866년 바그너R. Wagner의 〈근대적modern〉이라는 제목이 붙은 논문은 '근대적' 개념에 대한 이러한 논쟁의 배후에는 그것을 명목적으로 유포시킨 적대 그룹에 대한 공격이 놓여있다는 것을 보다 분명하게 보여준다. 바그너는 "최근의 문화 전달자인 '근대적'인 세계는 그 이전 세계들과 더 이상 관련이 없는, 철저하게 새로운 세계로" 이해되어야 한다는 것을 확인하고, 그러한 무특징성은 전적으로 유대인의 책임이라는 결론을 내린다. "이미 50년 전에 유대인들은 문화에 대한 우리의 노력과는 아주 먼 거리를 두고 있었다." '근대적인 것das Moderne'을 자신이 독일문학의 흉작으로 치부한 청년독일파의 — 청년독일파의 가장 중요한 옹호자인 하이네와 뵈르네 Börne는 실제로 유대인이었는데 — 노력과 동일시하면서, 바그너는 자신의 테제를 피상적으로나마 그럴듯하게 만들었다. 이 테제는 바그너가 독일 고전주의와 낭만주의로부터 분리된 새로운 현재의 시작에 서있다는 젊은 독일청년들의 의식을 전쟁으로, "금력으로 잘 뒷받침된" 유대민족의 독일문화에 대한 음모로 전도시킨다는 사실을 은폐할 수 있었다. 그리고 이렇게 완전히 왜곡된 서술로부터 그는 "실제로 가련한 그리고 특히 우리 독일인들에게 매우 위험한 것으로서" 근대예술에 대한 자신의 최종적인 경고를 이끌어 낸다.[92]

동시대의 독일문학은, 고전주의와 낭만주의와는 대조적으로, '근대적'이라 불린 예술의 다양한 추세에 대한 평가절하를 정당화하기 위한 학문 모델을 발전시켰다. 이 모델에 따르면 독일문학은 600년을 주기로 이른바 "전성기"를 누렸으며, 1880년경의 정점을 끝으로 "괴테 시대에 우리의 자부심과 위대함을 이루었던 이상들로부터 벗어날" 위기에 처해 있었다. 독일문학의 과제는 다가올 문화의 물고랑에서 독일 "고전주의"의 정체성을 수립하는 가치들에 대한 기억을 생생하게 유지하는 것이다.[93]

  유럽 문화의 데카당스에 대한 니체Nietsche의 이론은 근대에 지금까지 인용되었던 텍스트들과는 전혀 다른 위상을 부여한다. 그 텍스트들은 그리스를 척도로 간주하지 않고, 각각의 시대에 바로 이전의 국가 고전주의를 척도로 간주했고, 경멸된 근대를 새로운 인간상을 통해 극복하는 대신, 그렇게 추정된 고전주의 국가 이상의 보전을 선전했다. 그럼에도 불구하고 그러한 노력은 여전히 신랄하고 비교할 수 없을 정도의 예리한 비판의 대상이 되었다. 니체는 "평균화, 민주주의, '근대적' 이념들에로의 전이"[94]는 1871년의 "제국의 정초"와 함께 독일에서도 종결되었다고 보았다. 18세기에 준비된 제국은 — 이로써 '근대적' 개념에 의해 포섭되는 시대의 범위역시 — 프랑스혁명과 함께 실현되기 시작했고,[95] 세 가지 지배적인 이상들에 의해 특징지어졌다. "모든 고통스러운 자들에 대한 동정, 역사적인 의미, 학문성."[96] 19세기에는 민주주의와 학문성이 근대의 성과 혹은 오점으로 불린 반면, "근대적 인간들이 행한 모든 것들에 대한 지치지 않는 짜맞춤과 역사화"[97]에 대한 논쟁은 니체가 새로운 현재 의식에 대한 정의를 내리는 데 도움을 주었다. 니체가 공격한 역사적 추세들은, 즉 현재와 과거의 거리두기와 역사적인 것으로 되어버린 것에 대한 회의주의는 위에서 제시된 고유한 현재에 대한 체험의 결과적 현상들이다. 지나가는 시간으로서의 현재와 지나간 현재로서의 과거에 대한 체험 말이다.

"근대 이념들"[98]에 대한 단순한 후원자와 찬양자와 전도사에 대한 니체의 조롱은 니체가 다른 경멸자들이 갖추지 못한 능력을, 즉 통틀어 '근대적'이라 불린 다양한 현상들의 연관관계를 인식하는 능력을 갖추었다는 것을 보여준다.

c —

1830년 세대의 현재 의식에 의해 변화된 근대적인 것이라는 개념에 대한 무차별적인 공격도 그 개념이 더디게나마 언어규범 안으로 진입하는 것을 막을 수는 없었다. 프로이센 의회의 보수주의 의원이자 〈크로이츠 차이퉁〉의 저명한 필자인 바게너H. Wagener조차 1863년에 출간된 자신의 《국가—사회 사전Staats- and Gesellschafts-Lexikon》에서 '근대적' 개념을 낭만주의에서 관례적으로 사용된 의미로 사용하는 것을, 즉 중세가 시작된 이래 기독교 시대 전체를 낙후된 시대로 칭하는 의미로 사용하는 것을 거부한다. 역사 기술의 틀 안에서 이제 그 개념은 "프랑스혁명의 발생에서부터 오늘까지의 시간"을 포함한다. 더 새로운 역사의 새로운 시대는 "근대국가"의 수립에 의해 특징지어진다. 마르크스나 토크빌과 마찬가지로 바게너는 다양한 종류의 직능을 근대국가와 중세국가를 구별하는 기준으로 삼았다. 그러나 마르크스와는 달리 그는 대의체제가 "힘의 균형이론에 의거해서 전체의 행복을" 이룰 것을 기대했다.[99] 미학의 경험 영역과 관련해서 바게너는, 헤겔이 제시하고 1843년 이래 독일사전들에 기록된, 종교개혁과 함께 시작된 '근대적' 시대 개념을 제시했다. 이로써 독일어 규범과 관련해서, 최초로 경험 영역적인 국가이론과 미학에서 시대 명칭으로서 '근대적'이라는 개념이 다양하게 사용되는 것을 확증하였다. 마이어Meyer의 《회화—사전 *Konversations-Lexikon*》(1888)은 어떻게 새로운 현재에 대한 이해가 계속 그 규범에 영향을 미치는지를 보여준다. 왜냐하면 여기서는 "무엇보다도 더 새로운 시대가 지닌 예술 창조의 고유한 특성이 19세기의 고유성"으로 간주되기 때문이다.[100] 물론 '근대적'이 여전히 시대 개념으로 머물러 있기는 하다. 그렇지만 그것에 의해 특징지어진 현재가 점점 더 짧아짐에 따라 세 번째 의미로 점점 더 근접해가고 있다는 것을 암시해준다.

d —

새로운 근대성 개념과 언어규범에 대한 그 개념의 지속적인 영향에 대한 논쟁은 독일 이외의 곳에서도 관찰되는 19세기 후반기의 추세이다. 스페인의 진보 작가인 갈도스B. Pérez Galdós는 1878년에 출간된 소설 《레온 록의 가족*La familia de Léon Roch*》에서 귀족과 교회에 근거를 둔 보수주의의 옹호자인 희화적 인물Onésimo이 기독교적인 겸손과 아름다운 무지를 떨쳐버린 스페인 여자의 근대적인 태도hábitos modernos에 대해 장황한 불평을 늘어놓도록 연출한다.[101] 갈도스는 보수주의가 근대적인 시대의 모든 요구에 대해 가지고 있는 적개심의 모티브를 조금 후에 거론한다. 귀족 태생이라는 장점을 소득과 재산으로 메우는 가능성을, 즉 새로이 시민계급을 여는 가능성을 그 시대 사회의 주된 특징이라고 할 때 말이다.[102]

19세기 말경까지 프랑스에서는 사전들이 다양한 경험 영역들과 관련해서 《백과전서*Encyclopédie*》에 의해 제시된 근대적인 것의 개념 규정을 받아들인다. 하지만 항상 나타나는 두 가지 변화를 소개하는 것은 가치가 있다. 우리는 1865년부터 1878년 사이에 출간된 《라루스*Larousse*》 판을 인용하고자 한다. 여기에는 '근대적'이라는 술어가 무엇보다도 현 세기의 현상들을 기술하는 데 사용된다고 되어있다.

그 밖에도 그곳에서는 그 술어가 그것의 독일어 대응어처럼, 역사 사료 편찬사적인 말로 등장한다. "근대 역사"의 시작이 프란츠 1세에 이르는 과거로까지 거슬러가 있지만, 이러한 규정에 뒤따르는 설명은 사람들이 그렇게 규정된 현재를 또한 그들의 미래의 과거로, 그럼으로써 지나가는 것으로 경험했다는 것을 보여준다. "프랑수와 1세 시대에 와서는 이와 같은 정의가 당연히 구시대의 것이 되었다. Cette définition deviendra évidemment fausse quand l'époque de François Ier sera devenue une époque ancienne."[103]

e —

여기서 인용된 《라루스*Larousse*》 판의 첫 번째 권이 출판되기 1년 전인 1864년에 공쿠르Goncourt 형제는 《제르미니 라쇠르테*Germinie Lacerteux*》라는 소설을 발표했다. 이 소설은 문학사에서 최초의 프랑스 자연주의 작품으로 간주된다. 이 독트린은 사반세기 후에 독일에서 근대문학파를 정초하고자 하는 시도가 일어나도록 촉발했다. 공쿠르 형제의 목표는 '근대적' 인간을 ─ 그들은 '근대적'인간의 특성이 세대를 각인하는 교육 체험의 일반적 변화를 통해서 준비된 것으로 보았는데 ─ 기술하는 것이었다.

《르네 모프랭Renée Mauperin》(1875)의 서문에서 그들은 남자의 '근대적' 교육을 의회주의가 시작한 해인 1830년에까지 소급시킨다. 반면에 여성의 '근대적' 교육의 결정적인 추세는 ─ "사내아이를 위한 교육과 예술교육'éducation artistique et garçonnière" ─ 대략 30년 전부터, 대략 1845년부터 비로소 지배적이 되었다.[104] '근대적'인간에 대한 이러한 특징화 시도는, 부단히 가속화된 시대에 대한 경험 이외에도, 현재를 과거 지향적으로 바라보면서 하나의 분리된 시대로 간주하는 구분에 기초한 역사 진행의 다원성에 대한 통찰 역시 어떻게 자신에게 장애가 되는지를 보여준다. 1880년에 졸라Zola가 기술한 자연주의의 이론적인 토대가 유럽 전 지역에서 그렇게 널리 받아들여진 이유는, 문학 창작에 있어서 미래에 이행되어야 할 프로그램으로서의 자연과학의 실증주의적인 실험 방법에 대한 요구를 공쿠르 형제처럼 기술된 대상의 실현성을 토대로 구축하지 않고,[105] 모범적인 전통을 규정하는 위치에 두었기 때문이라고 생각된다. "철학적이 아닌 실증적인 새로운 시각이었다. Le point de vue est nouveau, il devient expérimental au lieu d'être philosophique."[106]

V

인류의 절반에게 삶의 리듬이 5개년 계획들에 의해 규정되고 미래에 대한 탐구가 하나의
학문 분과가 되어버린 시대에, 예술 혹은 정치적 운동이 실현되어야 할 생각을 통해 근대
성Modernität의 요구를 정의 한다는 것은 놀라운 일이 아니다. 졸라가 자연주의에 대해서
그랬듯이 말이다.

CHAPTER V

Chapter

V

1. 세기의 전환기 프로그램으로서 근대

●●● 　　　　　인류의 절반에게 삶의 리듬이 5개년 계획들에 의
해 규정되고 미래에 대한 탐구가 하나의 학문 분과가 되어버린 시
대에, 예술 혹은 정치적 운동이 실현되어야 할 생각을 통해 근대성
Modernität의 요구를 정의한다는 것은 놀라운 일이 아니다. 졸라가
자연주의에 대해서 그랬듯이 말이다. 19세기의 역사적 틀 안에 있
는 수많은 프로그램에 대한 글들에서 발견되는 미래에 맞추어진 현
재에 대한 새로운 이해와 관련된 의견 일치는 전환기를, 즉 넓은 지
평에서 인간 행위의 모범으로서 "전통의 강요"가 "선택의 강요"에
의해 대체되는 전환기를 강조한다.[107] 이러한 전환은 이 글의 앞부
분들에서 설명된, 그리고 또한 보수주의자들의 논쟁을 통해서도 설
명된, 근본적 변화의 결과이다. 즉 그 변화의 다양한 발현에 대한

시대 체험과 수렴점에 일어난 근본적 변화의 결과이다. 가속화되고 연속적인 역사의 변화에 대한 고려와 동시적이지 않은 역사 진행의 다양성에 대한 통찰을 통해, 과거에서 그 시작을 확정한 시대로서 현재의 구분은 이제 불가능한 것으로 여겨졌다. 현재는 그것의 지속에서 시간 진행의 한 점으로 환원되었을 뿐만 아니라, 미래의 과거로, 그럼으로써 이 미래를 설계하는 기회로 체험되었다. 따라서 이제 현재는 프로그램으로 표현될 수 있는 미래 지향적인 행위를 계획하는 데 열려있는 활동 공간으로 이해되었다.

세 번째 의미로서의 '근대적modern' 개념이 그러한 프로그램들을 칭하는 데 사용되었다는 것은 우리의 분석적 회고의 시각에서 볼 때는 자명한 일이다. 그것은 당연히 세기 전환기의 많은 모더니즘Moderne 작가들의 의식 속에 현재의 이름으로 남아있었다. 그 시작에 자신들이 서있다고 믿었던, 그 끝이 그 프로그램들이 지나쳐 가는 것이라고 하기에는 너무 멀리 떨어져 있다고 여겼던 현재.

a —

모순적인 이러한 자기이해는 이미 모더니즘의 첫 번째 선언에서, 즉 볼프W. Wolff가 1887년에 쓴 〈문학적 모더니즘을 위한 테제들 Thesen zur literarischen Moderne〉[108]에서 분명하게 드러난다. 이 테제들은 그 운동에 이름을 부여했다. 그곳에서는 한편으로 "미래의 선봉에서 예언자나 개척자로 싸우는 것이, 현재적 삶의 의미가 충만한 그리고 의미를 추구하는 모든 힘들"에 대한 묘사 이외에도, 현대 시인의 과제에 속한다. 다른 한편, 현대는 지배적인 세 가지 추세를 통해 새롭게 정의된다. "독일 관념철학", "자연과학", "기술적인 technishce 예술 작업."[109] 반면에, 브라함O. Braham은, 3년 후에 창간된 잡지 《현대적 삶을 위한 자유로운 무대*Freie Bühne für modernes Leben*》의 머리말로 실은 프로그램적인 논문 〈시작을 위하여〉에서, 자연주의를 가장 주도적인 이론으로 삼아 이를 명시적으로 끌어들였음에도 불구하고 근대성Modernität에 대한 내용적인 의미 규정을 회피했다. "인간 문화의 무한한 발전은 어떤 공식에도, 또한 가장 최근의 공식에도 얽매어 있지 않다."[110]

모더니즘의 다양한 대변자들에 의해 특징적으로 거론된 원리들을 나열할 경우, 우리는 통일된 독트린보다는 19세기의 예술적·철학적·정치적 이론들을 발견하게 된다.

콘라드M. G. Conrad는 모더니즘과 사회민주주의의 통일을 기대했다.[111] 그로테비츠C. Grotewitz와 베르그L. Berg는 니체가 동정同情의 계몽주의-근대적 이념의 정복자로 구상한 군주적인 인간에게서 자신들이 속해 있는 근대적 시대의 인간형을 보았다.[112] 하르트A. Hart는 19세기 시작 무렵에 헤겔이 그랬듯이 셰익스피어와 괴테를 "모더니즘의 예언자"로 축복했다.[113] 모더니즘에게 내외적인 분쟁을 가져오는 이러한 방향 설정의 차이에 직면해서, 아직 설계되어야 할 현재의 시작에 서있다는 의식만이 그 진영들의 공통적인 자기이해의 토대로 남아있었다. "우리는 두 세계의 경계선에 서있다. 우리가 이루는 것은 아직 우리가 알고 있지 못한, 결코 알아챌 수 없는 미래의 위대함에 대한 준비에 불과하다.”[114]

'모더니즘Moderne'이라는 명사는 그것이 만들어진 직후인 1902년도 《브로크하우스》에 “최근의 사회·문학·예술적 추세”라고 설명되어 있다.[115] 언어규범을 대변해주는 이러한 의미론적 규정은 앞서 인용된 세기 전환기 저자들의 사용과 다르지 않다. 최근의 추세가 처음 시작된 그러나 시대로서 경험된 혹은 원래 지나가는 것으로 체험된 현재로 간주되는지 아닌지에 따라, 그것은 '근대적'의 두 번째 의미와 세 번째 의미 사이에 놓여있다.

b —

시간 진행의 한 점으로까지 단축된 일시적인 현재에 대한 이러한 이해와 더불어 '근대적' 개념이 의미론적 경계에 도달하게 되었다. 현재가 미래 설계의 계기로 선취될 경우 이 경계를 넘어가게 된다. 자연주의 학파의 대표적인 비판가들 가운데 하나인 알바라트A. Albalat가 자연주의 학파의 현실주의actualism를 위해 이미 1895년에 “변화 속에 있는dans-le-mouvement”이라는 술어를 제안했지만,[116] 이것이 언어규범으로 흡수되지는 못했다. 1900년경에 미학 논의에서 등장하는 명칭인 '아방가르드Avangarde'가 “인접한 과거와 그 과거에 속한 문화 사회적인 맥락과 대립되는 새로운, 혁명 이전의 입장들”의 옹호자들에게는 더 성공적이었다.[117] 이로써 우리는 '근대적' 개념사의 특정한 지점에 서있게 된다. 즉 언어체계에 의해 미리 제시된 의미 가능성에 포함되어 있지 않은 새로운, 그럼에도 내용이 파악되어 그것에 귀속된 의미가 변하는 지점에 말이다. 그렇지만 공쿠르 형제가 1879년에 그들의 소설 《제르미니 라쇠르테 *Germinie Lacerteux*》와 졸라의 소설 《목로주점*Assomoir*》의 성공을 "찬란한 전위적 논쟁des brilliants combats d'avant-garde"[118]이라고 불렀을 때, 이 은유에는 그 책들이 현재에 앞선 것이라는 부정적인 평가의 출발점이라는 의미가 함축되어 있었다. '아방가르드'라는 술어는, 단지 새로운 시대 감정으로부터 미래에 대한 설계를 위한 계기로서 현재에 대한 새로운 이해가 깨어나고 퍼진 정도로만 언어규범에서 현재에 대한 명칭이 될 수 있었고, 또 그럼으로써 의미 확장을 경험할 수 있었다. 그 이후 '근대적' 개념이 "최근의 사회적인, 문학적인 그리고 정치적인 경향들"[119]을 칭하는 데 사용되는 일은 점점 더 드물어졌다. 오늘날 그 말의 기능은 첫 번째 의미에 훨씬 더 한정되어 있다.

c —

대부분의 모더니즘 옹호자들은 '아방가르드'가 '근대적'이라는 술어를 대체했다는 우리의 해석에서 확인된 통찰, 즉 새로운 방식으로 경험된 현재가 더 이상 시대로 구분되지 않고 과거와 대조되는 특성들에 따라 정의되었을 수 있다는 통찰을 자신들의 프로그램의 실패를 통해서 뿐만 아니라 그들의 적들에 의한 비판으로부터도 획득했다. 이미 1894년에 바르H. Bahr는 모더니즘이 그들의 주장과는 달리 "어떠한 공식도, 어떤 프로그램도 성취하지 못했다"고 비난한

다.[120]

그리고 같은 해에 팔리슐렌C. Falischlebn은 모더니즘의 어떠한 근원적 예술원리도 타당성을 가질 수 없게 되었을 정도로[121] 그 원리들의 변화가 "각각의 옹호자들과 이들의 문학작품에서 매우 급진적으로"일어났다는 것을 확인해준다. 모더니즘의 목표 과제에 대한 콘라드의 "진정으로 타오르는 자연주의는 어떤 역류에 의해서도 꺼지지 않는다"[122]는 항의는 오히려 새로운 현재에 대한 방향 설정으로서 그것을 관철시키는 것이 불가능하다는 통찰이 증가했다는 것을 보여주는 것에 불과하다. 그것이 시작된 후 대략 20년쯤 후인 1908년 요세프 카인즈Josef Kainz는 이러한 역사적인 경험의 결과를 단순하게 이렇게 표현했다. "더 이상 어떠한 모더니즘Moderne도 존재하지 않는다!"[123]

d ─

마지막에 제시된 인용문을 통해 세기 전환기 지식인들의 체험으로 입증된 미적 평가의 변화는 이미 동시대에 개념사적 반성의 대상이 되었다. 보르카르트R. Borchardt는 1905년에 근대성 개념에 대한 당시의 평가절하를 "시대 영역에서 사용되던 그 개념이 미학 영역으로 도입되어 하나의 유類와 가치 개념Gattungs-und Wertbegriff으로 탈바꿈된"결과라고 설명할 수 있다고 믿었다.[124] 이러한 해석은 '근대적modern'이라는 술어가 이른바 낭만주의의 유와 가치 개념으로 사용된 사례들 때문에 일반론이 될 수 없다. 하지만 1900년 무렵 새로운 시대 체험에 직면하여 미학적 개념과 연대기적 현재 개념의 혼합주의가 더 이상 '근대적'의 의미에 포함되지 않는다는 점에서는 타당하다. 마우트너F. Mauthner는 1910년에 출간된 자신의 《철학 사전Wörterbuch der Philosophie》에서 이와 동일한 통찰을 다음과 같이 표현했다. "'근대적' 개념이 현재의 흐름에서 규정될 수 없는 길이 만을, 글자 그대로 현재의 맨끝'을 칭하기 때문에, 우리는 명사형인 '근대Moderne'를 '고대'라는 시대 개념과 유사하게 사용할 수 없다. 왜냐하면 고대라는 시대 개념은 '비교적 잘 규정된 기간'을 담고 있기 때문이다."[125] 1907년에 나온 《삽화가 가미된 일반 백과사전 Enciclopedia universal ilustrada》도 이와 유사한 근거를 토대로 "모더니즘Modernismo"의 시도를, 즉 자신들을 예술학파로 정의내리고자 하는 스페인과 남미문학의 모더니즘 시도를 불합리한 것으로 낙인찍었다. "현재의 삶의 어떤 것에 대해서도 규정된 기간이 존재하지 않기 때문에, 오늘날 새롭고 신선하게 보이는 것이 몇 년 후에도 그럴 것이라고 간주하는 것은 무모한 일이다. puesto que no siendo el tiempo fijo ni permanente para ninguna cosa de la vida presente, es linaje de temeridad pretender que lo que hoy tiene aspecto de cosa moderna y remozada pueda también tenerlo dentro de unos años."[126]

e —*

다양한 경험 영역에서 일어난 모더니즘Modernismus 운동에 대해 스

* [옮긴이] 이 부분의 구상은 F. J. Hassauer-Roos(Bochum)이 작업한 것이다.

페인이 공식적으로 대립하게 된 결정적 동기는 첫 번째 바티칸 공의회 이래 가톨릭 교회가 주도한 신학적 모더니즘에 대한 전쟁이었다. 신학적으로 적용될 수 있는 영역에서, '모더니즘'이라는 술어는 일반적으로 또한 초역사적으로 "보수주의와 대립하는 가운데에서의 진보주의"를 "정신적인 삶 가운데 역사적인 힘의 역량에서 드러나는 정상적인 현상"으로 특징짓는다.[127] 따라서 그 개념은 19세기에 정통 신교에 의해서도 "자유주의 신학자들의 극단주의와 마찬가지로 근대적인 세계의 반기독교적인 경향을 특징짓는 데"에도 사용되었다.[128]

그럼에도 불구하고 '모더니즘Modernismus'은 주로 그보다 더 좁은 의미로 19세기 말과 20세기 초에 프랑스, 영국, 이탈리아, 그리고 드물게 독일의 가톨릭 교회 내부에서 다양한 신학적 개혁 운동들을 칭하기 위한 고유명사로 사용되었다. 비오 10세Pius X.는 자신의 교서인 〈불쌍한 자에게Lamentabili〉(1907. 3. 7)와 〈방목되어야 할 자들Pascendi〉(1907. 8. 9)에서 그 개념을 그러한 의미로 사용했다. 복음주의와 교회 외부의 관점에서 볼 때, '모더니스트들'은 가톨릭 개혁주의의 일부였다, 가톨릭 교회는 그 개념으로 비판적 로마 가톨릭 교회와 현 가톨릭 교회의 조류만을 이해했고 '모더니즘'을 예전과 마찬가지로 이단으로 배제했다. 신학사적으로 볼 때, 모더니즘은 17세기와 18세기 가톨릭 개혁운동을 지속시켰다. 체계적으로 볼 때, 고유명사인 '모더니즘'은 "종교철학, 호교, 성서학, 교회사, 교회학Kirchendisziplin, 정치 사회적 행위" 영역에서 일어난 다양한 추세들을 포괄하고 있다.[129] 계시와 이성의 중재를 위해 시도된 노력과 가톨릭주의와 문화·학문·사회정치적인 현실과의 중재 노력은 증가하는 세속화에 대한 교황 비오 9세Pius IX.의 반응에 의해 특징지어진 상황에서 일어났다. 〈동정녀 마리아의 수태〉 교지(1854), 〈유설표〉와 교황 교서인 〈관타쿠라Quanta cura〉에서의 근대 학문과 자유주의와 공산주의에 대한 유죄 판결, 첫 번째 바티칸 공의회와 교황 총주 교단의 무오류 도그마 교지(1869/70), 신토마스주의를 가톨릭 교회철학으로 확정한 것이다.

이에 대한 대항은 주체를 향한 신비한 경건함과 "종교적인 삶의 피상화"[130]에 대한 외면과 진화론을 배경으로 한 역사−비판적 사고의 수용을 통해 모더니즘"의 주된 특징의 근거가 되었다. 대상의 상이한 영역에 따라 사람들은 성서적·사회적·신학적 "모더니즘"을 구분했다.[131] 교황이 1907년에 내린 유죄 판결에 따라 파문과 금서 지정과 해직이 뒤따랐고, 결국에는 〈반모던주의자들의 서약 Antimodernistenneid〉(1910. 1. 9)에 이르게 되었다. 반모던주의 서약은 독일 대학 교수들은 예외로 하고 모든 가톨릭 성직을 "방목되어야 할 자들"과 "불쌍한 자들"이라는 지위로 확정했는데, 이는 오늘날까지도 여전히 유효하다.

제1차 세계대전의 발발은 모더니즘에 대한 논쟁, 특히 1910년 이후 순종주의자Integralisten들이 취한 극단적 보수주의적 반응에 의해 규정된 논쟁에 외적 종말을 고했다. 이 조류는 "삶의 모든 사적이나 공적인 문제들을 근본적으로 교회의 지도력potestas directa 아래 종속시키고자 하는"[132] 전체주의적 종교의 특징이 되었다. 순종주의는 모든 가톨릭 개혁주의를 모더니즘이라고 비난한다. 〈유설표〉와 〈관타쿠라〉에서 내려진 가톨릭 교회 외부에서의 모든 철학적인 그리고 정치적인 세속화 추세들에 (자유주의와 공산주의) 대한 유죄 판결에 따라, 모더니즘은 교회 내부에서 '자유주의'의 이단적인 표현으로서 배제되었다.[133] 이후 '가톨릭주의'와 '반모더니즘 서약'은 '모더니즘'과 '자유주의'와 '공산주의'에 대항해서 공동 전선을 형성하였다. 이 전선은 프로이센 문화 투쟁 속에서는 독특한 국가적 첨예화를 경험하게 되었다.

모더니즘이 제기한, 단지 억압되어졌을 뿐 규명되지는 못한 문제들에 대한 논의가 두 번의 세계대전 사이에 진행되었다. 제2차 세계대전 이후에 새로운 신학Théologie Nouvelle, 좌파 가톨릭주의와 타일하르드주의Teilhardismus*가 형성되었다. 여기에서는 '모더니즘'과 가톨릭 개혁주의 간의 언어적인 경계가 사라졌다.

로마−가톨릭 '모더니즘' 이외에도 그 개념은 두 번째 의미의 고유명사로 영국 교회에 존재하는 유사한 추세들도 특징지었다. 영국 모더니즘의 상대자는 근본주의와 영국 가톨릭주의다.

f —

가톨릭 교회가 물려받은 자화상을 로마 교황청의 권위적인 명령을

---

*[옮긴이] 타일하르드주의 : 예수회 신부 피에르 타일하르트 르 자르딘Pierre Teilhard de Chardin (1881~1955)의 문학 작품을 새로운 종류의 휴머니즘−교조주의로 재해석하는 것을 의미한다.

통해 20세기 중반까지 변화된 시대 의식의 결과로부터 보호할 수 있었던 반면, 모더니즘이 실패한 후 세기 전환기의 많은 문화운동에는 자신들의 행위와 자신들이 속해있는 시대, 지나간 시대, 다가올 시대와의 관계를 새롭게 규정하는 과제가 주어졌다. 1913년에 슈바바흐E. E.Schwabach가 그랬듯, 근대Moderne라는 새로운 시대, "적어도 오늘과 다음 200년을"[134] 포함해야 하는 새로운 시대의 시작을 공표하는 사람은 세기 전환기의 미학 논의를 역사적인 위상과 관련해서 이해하지 않았다. 어떤 현재도 하나의 시대 이상 체험되거나 구상될 수 없다는 경험으로 이해하지 않았다. 20세기 초 많은 스페인 작가들처럼 방향성을 잃은 현재로부터 과거로 눈을 돌린 사람이라면 누구나 지난 세기의 문학이 더 이상 규범적 모델로 기여하지 못하고, 단지 새로운 이해 속에서 변화되어 계속 체험될 수 있을 뿐이라는 것을 의식했다. "고전주의자들은 현대의 조명 아래 재검토 되고 재해석되어야 한다. …… 변화를 거부하는 과거는 살아남지 못한다. 예술작품은 끊임없이 발전한다. Los clásicos...... deben ser revisados e interpretandos bajo una luz moderna...... No viviría el pasado si no estuviera sujeto a oscilaciones; la obra de arte está en perpétua evolución."[135]

물론 20세기의 특징은 시대와 예술가들의 상이한 관계이다. 통시적으로 연결된 시대 특징적인 양식과 미학이론들에 대한 생각 대신 ─ 이것들 가운데 후자가 현재의 예술을 구성하는 것인데 ─ 각각의 현재 속에서 내용과 방식의 공시적인 풍부함으로부터 창조할 수 있다는 의식이 등장했다.[136] 이 경우 현재는 미래를 꾸미는데 가용한 가능성들을 선택하는 순간이며 이러한 미래의 과거로 보존되어야 하는 것이다.

2. 20세기 근대성Modernität 의식의 필연적인 변화

프랑스 《보편백과전서Enzyclopaedia universalis》의 1973년도 네 번째 판의 광범위한 '근대성Modernité' 항목은 '근대적'개념의 세 번째 의미가 언어규범 속으로 진입했다는 것을 결정적으로 확인해준다. 이 항목은 마지막 현재로 우리의 근대성을 과거와 질적인 단절을 통해 규정하는 작업을 시도하지 않는다. 근대성은 오히려 운동 범주로, "변화에 대한 표준적인 도덕morale canonique du changement"으로 정의된다. 변화의 필연성은 미래를 향한 과도기로 일시적인 현재에 대한 의식의 결과이다. 이러한 의식은 문명 타입의 토대로 전통에 대한 순응과 정반대로 대치된다. "독특한 문명 양식이 전통 양식에 맞서는 것이다. C'est un mode de civilisation caractéristique, qui s'oppose au mode de la tradition."[137] 오늘날 '근대적' 개념이 사용될 경우, 첫 번째 의미와 세 번째 의미가 서로 부합하는 경우가 드물지 않게 일어나는 것도 사실이다. 예를 들어, 누군가 '근대적 대학들'에 관해 이야기할 경우, 그 말의 첫 번째 의미로 받아들인 제도 형태가 지닌 현재의 지배적인 특징들을 뜻할 수 있다. 그러나 동시에, 세 번째 의미로 그러한 형태가 미래와 관련된 것이고 미래에 변화될 수 있다는 것을 뜻할 수도 있다.

술어 '근대적'의 세 번째 의미가 언어규범으로 들어온 반면, 시대 명칭으로 두 번째 의미가 퇴조한 것은 20세기의 개념사를 보충해 주는 추세로 간주될 수 있지만, 모든 경험 영역들에서의 언어 사용에 획일적으로 적용될 수는 없다. 다양한 삶의 연관 속에서 이루어진 역사적인 통찰과 의미의 다양한 발전에 대한 드넓은 통찰은 현재적 근대성 의식의 성과에 속한다. 뒤따르는 우리의 설명은 그러한 통찰에서 출발한다.

a —

20세기 미학의 실현과 이에 대한 철학적 반성은 1859년에 보들레르가 구체화한 근대성에 대한 성숙한 이해와 구상의 이행으로 해석될 수 있다.[138] 사람들은 근대적인 예술작품들의 과도기적 특징을 더 이상 치명적인 운명으로 느끼지 않고, 소외된 사회에 대한 저항의 기회와 의도된 부정성으로 느꼈다. "현 사회의 소외에서 벗어나기 위해서는 회피를 앞세우는 방법밖에는 없었다. Pour échapper à l'aliénation de la société présente, il n'y a plus que ce moyen: la fuite en avant."[139] 이미 40년 전에 브르통A. Breton은 그동안 색이 불명료해진 피카소의 1913년의 콜라주들을, 그것들이 속한 과거에 대한 기록으로서 의식 속에 형성된 것이기 때문에, 위대한 예술로 경탄했다. "환희와 예술적 자만심의 소재가 되는 모든 것에 반대되는 소멸과 단명 그 자체를 찾으려 했다. Le périssable et l'éphémère, à rebours de tout ce qui fait généralement l'objet de la délectation et de la vanité artistiques, par lui ont même été recherés pour eux-mêmes."[140]

　이러한 부정성의 미학은 기껏해야 사회가 야기한 소외를 모면할 수 있을 뿐이다. 어쨌든 그런 미학은 스스로 자기자신에게 부가한 의무, 즉 그때그때마다 최신 예술 추세가 구체화되는 순간에 그것을 제거해야 한다는 의무로 인해 많은 대중들로부터 멀어졌다. 1960년 이후 한 새로운 세대의 예술가들은 "Opas Moderne"[141]라는 이러한 딜레마에 두 가지 방식으로 대처했다. 행위-예술Konzept-Kunst은 예술작품을 실행이라는 이념으로 대체시키면서 "아방가르드 개념의 종식"을 선언했다. "아틀리에-갤러리-박물관이라는 사물적인 삼각형"의 자리를 "시간적인 삼각형: 이념Idee-실연 Demonstration-효소Ferment"[142]가 차지했다. 이 프로그램이 세기 전환기의 아방가르드에 의해 이미 완수된 경험, 즉 가속화된 표현 양식의 해체 경험에 대한 적응을 궁극적으로 가능하게 한다면, 모든 대상들은 잠재적으로 미적이라는 팝 예술의 기본원리는, 근대적 예술가는 창조에 있어서 부단히 공시적인 풍부한 가능성들에서 선택할 수 있다는 새로운 통찰에 부응할 것이다. 이 경우 실현된 형태와 내용이 관찰자의 관점에 따라 'in'또는 'out'으로 특징지어진다. 이에 반해 통시적인 구도에 상응하는 '옛'/'새로운'은 팝 예술에서 더 이상 어떤 자리도 차지할 수 없다.

b —

역사 서술은 새로운 시대 경험에 대한 대답으로 현대사를 다루는 방법들을 발전시켜야 하고 다루기 까다로운 이 영역을 과거를 쉽게 조망할 수 있는 완결된 시대들과 구분해야 한다. 전수된 엉터리 역사 서술Klitterungen을 근본적으로 극복하고자 하는 첫 번째 시도들 가운데 하나가 슈펭글러O. Spengler의 책 《중세의 몰락Der Untergang des Abendlandes》이라는 제목에 반영되어 있다. 이 책의 1917년 판의 서언에 따르면 그 제목은 "우리가 지금 그 시작에 서있는, 몇 세기로 이루어진 세계사적 국면을" 특징으로 한다. 그렇게 결정적인 역사적 전환점에 서있다는 의식과 세계의 작은 부분에 불과한 유럽 이외의 지역에서 유럽과 동시적으로 일어나지 않은 발전들을 점점 더 고려해야 한다는 인식은 슈펭글러로 하여금 물려받은 고대·중세·근대라는 시대 구분을, 신뢰해서는 안 되는 의미 없는 도식으로 배척하게 만들었다. 그에게는 그의 바로 전 선배들이 "'새로운 시대 die Neuzeit'의 시점을 십자군 원정에서 르네상스로, 그리고 르네상스에서 19세기 초로 옮겨놓았다"[143]는 것은 역사 발전을 분류하는 노력이 헛된 것이라는 것을 증명해주는 것이었다. 슈펭글러에 따르면 역사 발전은 새로운 시대의 시작에서 단지 전체적으로만 이해되고 설명될 수 있을 뿐이다.

옛 도식을 기본 틀로 유지할 경우, 오늘날 '근대적'이라는 술어가 완결된 것으로 간주된 과거의 마지막 기간을, 즉 아직 결정되지 않은, 그 때문에 동일한 방법들을 통해서는 시대로 제시될 수 없는 현대사와 구분되는 기간을 칭하는 데 사용되는 경우가 드물지 않다. 1931년 《라루스 사전》에서는 1453년으로 제시된 중세의 끝과 프랑스혁명으로 시작된 "현대사histoire contemporaine" 사이의 기간이 "근대사histoire moderne"로 정의되었다.[144] 이로써 '근대적' 개념은 현재와 접한 이전 시대를 칭하는 말로 등장한다.[145]

c —

정치적 집단화와 그 목적을 시간 개념인 '진보적/보수적'이라는 말로 칭하고 구분하는 것은 최근에 들어 비로소 사회적 또는 직능 계급적 공동체 명칭들을 기능적으로 대체했다.

루만N.Luhmann은, 사회관계의 복잡성을 고려할 때, 동일한 하나의 계급이나 직업에 속해 있다는 것이 더 이상 모든 정치적인 관심사의 공통성을 보장할 수 없게 된 이후에 그러한 대체가 요구되었다는 것을 보여주었다.[146] 시간 개념들을 선택하게 된 이유는 그것들이 시민사회에서 "모든 존재자들의 시간화Temporalisierung alles Seienden"를 고려해서 모든 대상들에 적용될 수 있기 때문이다. 그러나 루만의 가설은 무엇 때문에 '새로운/옛' 같은 단어 쌍이 아니라, '진보적' 그리고 '보수적'이라는 술어들이 정치 영역에서 그렇게 놀라울 정도의 호경기를 누렸는지를 설명해주지 못한다. 또는, 예를 들자면 사람들이 왜 보수정치가인 키신저K. G. Kissinger를 '진보적'이라고 하기는 어렵지만, '근대적'이라고[147] 할 수는 있는지를 설명해주지 못한다. 세기 전환기에서의 현재의 경험의 변화에 대한 우리의 해석으로부터 출발할 경우, 그 물음에 대한 답이 제시될 수 있다. '근대적'이나 '옛'과 같은 명칭이 그 말로써 칭해진 대상들이나 사람들을 시대로 파악된 현재의 기간에 귀속시키는 기능을 수행한다. 반면에, '진보적/보수적'이라는 정치적 코드는, 현재의 정치적 행위와 행위를 이끄는 이념이라는 좁은 영역 안에서, 두 가지 타입을, 즉 그것들이 과거의 모델을 지향하는지 혹은 미래 설계의 과제를 지향하는지에 따라 구분한다. 이로써 그 코드는 후기 시민사회에서야 등장하는 두 가지 형태의 시대 체험 간의 대립을 드러내주고 확인해준다.

d —

사회학에서 근대화Modernisierung라는 술어는 대략 1960년부터 특별히 제3세계 국가들의 경제발전 노력을 칭하는 데 사용되었다.[148] 그러나 그 명사가 산업국가의 정치·사회·경제 변화를 칭하는 데 거의 사용되지 않았다는 사실은 그 두 종류의 변화 추세 간에 존재하는 차이에 대한 통찰과 관련이 있을 수 있다. 개발도상국가들에서 근대화는 — 적어도 우리의 관점에서 볼 때 — 다양한 분야에서 산업국가들의 현 수준에 도달하고자 하는 목표를 통해 규정되어 있다. 따라서 그것은 탈식민지화와 우리의 현재 사이에 놓여있는 단계들에 따라 진행된다. 산업국가들은 이 현재로부터 정해져 있지 않은 미래로 도달해야 한다는 생각 속에서 그들의 길을 미리 내다보지 못하면서 움직인다.

과거의 성과 위에 축적된 지속적 진보라는 패러다임은 이론의 여지가 없는 타당성을 가지고 있다. 그와 동시에 근대성 개념은 오늘날 단지 자연과학에서만 그 명맥을 유지하고 있다. 자연과학의 고유한 역사성에 대한 통찰은 이미 "신구 문학 논쟁Quelle des Anciens et des Modernes"의 결과들 가운데 하나였다. 바로 역사에 대한 이러한 차별적인 이해는 자연과학의 성과로부터 귀결된 세계 진보라는 낙관주의에 대해 우리가 가지고 있는 회의주의의 근거이기도 하다. 발레리P. Valéry의 1931년도 논문은 그런 낙관주의를 담고 있다. 그는 "선명함과 명확함의 증가를 비롯한 힘의 증가를accroissement de netteté et de précision, accroissement de puissance" 근대적인 시대의 본질적인 성과로 규정했고, 이로부터 "대화, 확산, 관계conversation, diffusion et relation"와 관련해서 인간 삶의 개선에 대한 기대를 이끌어냈다.[149] 그러나 이 세기의 70년대 사회정치학에서 이러한 자연과학-기술적 성과들과 "삶의 질" 간의 상호관계가 의문시되었다.

e ⎯

사회지식에서 상호관계의 지속은 다양한 광고 전략의 목표 지점이 되었다. "현대적인modern 인간을 위한" 현대적인 가구나 담배와 함께 사람들은 "구시대적으로" 여겨질 수 있다는 집단적인 공포로부터의 해방감을 샀다. 그러한 공포는 분명히 계속 새로워지는, 그리고 과거와 단절된 현재에 대한 체험에 의해 유발된 것이다. "복고풍의 유행Nostallgiewelle"은 대중적인 사회심리학에 의해 그러한 성

근대적/근대성,
근대

급함에 대한 반작용으로 분명하게 해석되었다. 그럼에도 불구하고 그것을 새로운 전통의식의 시작으로 이해할 수는 없다. 왜냐하면 록앤롤과 유겐트슈틸은 "in"이기 때문이다. 다시 말해서 그것들은 실현 가능한 의식적인 삶의 형태들로서 역사와 무관한 저장소로부터의 선택이라는 현재에 대한 타당한 체험이기 때문이다. 그리고 이미 내일 새로운 집단적 선택에 의해 대체되어 "out" 될 수 있기 때문이다. 따라서 "복고" 운동은 현 시대 의식을 거스르는 것이 아니라, 그 속에서 자신의 가능성을 위한 조건을 발견한다.

사회역사적인
귀결의 단초들

술어 '근대적modern'의 의미의 역사는 "발견적 선취"라는 이 사전의 구상의 기초에 놓여

있는 18세기 중엽부터 고전적 범주의 근본적인 의미 변화가 일어났다"는 추측을 확인해준

다. 즉 "옛날 말이 우리의 현재로 접근함으로써 어떤 번역도 필요로 하지 않는 새로운 의

미를 획득했다"는 추측 말이다.

CHAPTER VI

Chapter

VI. 사회역사적인 귀결의 단초들

●●● 술어 '근대적modern'의 의미의 역사는 "발견적 선취"라는 이 사전의 구상의 기초에 놓여있는 18세기 중엽부터 고전적 토포스들의 근본적인 의미 변화가 일어났다"는 추측을 확인해준다. 즉 "옛날 말이 우리의 현재로 접근함으로써 어떤 번역도 필요로 하지 않는 새로운 의미를 획득했다"는[150] 추측 말이다. 18세기 말 무렵의 미학 논의에서 '근대적'인 시대로서 현재는 독일 고전주의와 유럽 낭만주의의 경계에서 고대의 규범 제시적인 모범과 이별을 고했고, 이는 이후 수십 년 동안 새로운 현재 의식에 대한 철학적 이해의 출발점이 되었으며, 근대성 개념을 근본적으로 변화시켰다. 의미의 결정적인 변화에 대한 이러한 명백한 자리매김은 단지 처음에 발전시킨 이론적 구상의 틀 안에서만 수행될 수 있다. 이 구상에 따르면 개념사는 사회사의 방법으로서 무엇보다도 언어규범의 변화에 집중되어야 된다. 우리가 단지 일련의 최초 증거들만

을, 다시 말해서 각각의 작가들이 언어체계 속에 있는 가능성들로부터 취한 개혁적인 선택만을 추적한다면, 고전주의에서 낭만주의로의 이전이 아니라 "신구 문학 논쟁Querelle des Anciens et de Modernes"이 근대성Modernität 개념의 발전 과정에 있어서 전환점으로 등장할 것이다. 이 경우 계몽시대 끝까지 지속된 고대라는 패러다임에 맞추어진 행위에 관한 방향 설정이 그 전환점이 될 터인데, 이러한 방향 설정은 우리로 하여금 "논쟁Querelle"에서 수행된 100년에 대한 새로운 시대 이해의 이론적 추론이 집단적 경험과 수렴하지 않는다는 것을, 그리고 그 때문에 그것이 단지 개별적인 사례들만을 이용했다는 추측을 하게 한다. 슐레겔과 실러는 17세기 말부터 결정되지 않은 채 남아있던 문제들을 새롭게 수용했고, 이들이 낭만주의의 근대성 의식에 대해 발전시킨 답변들의 영향으로 인해 비로소 "논쟁"의 인문역사적인 결과가 사회사에 있어서 간접적으로나마 중요하게 되었다.

현대적인 것Das Moderne이라는 낭만주의 개념의 탄생은 이제 1830년부터 언어규범에서 관찰 가능한 두 번째 의미의 명사화가 '근대적' 개념의 세 번째 의미를 통해 대체되는 첫걸음에 불과하다. 이로써 밝혀질 수 있는 시간의 가속화 경험의 전제들에 대한 물음과 함께, 이 개념사는 중요한 사회역사적 관점을 획득한다. 그러나 이 개념사가 사회사에 기여하는 바는 오로지 이미 수용된 연구의 단초가 정당성을 가지고 있다는 것을 입증해주는 데에만 있다. 이미 코젤렉과 루만이 1830년 이래 두드러진 현재 의식의 변화의 근거들에 대한 물음을 제기했고, 이에 대한 보충적인 대답들에 이르렀다. 코젤렉이 시대 경험의 변화를 "점점 기술화되어 가는 세계의 경험적인 사칭성Vorgegebenheiten에" 대한 적응으로 설명한 반면,[151] 루만은 그러한 변화를 의식에 새로이 등장하는, 과거의 패러다임으로부터 얻어진 것이 아닌, 풍부한 행위 가능성들을 미래에 투영해야 하는 것이 필연적 조건이라고 보았다.[152] 이후 지금까지, 결론을 내리자면, 선택의 의무는 미래 설계의 길로 전통의 강제와 이별을 고했다. 루만은 증가하는 기능 분화 체계를 "풍부한 가능성들"이 탄생하기 위한 주된 전제로 제시했다. 코젤렉에 의해 새로운 시대 경험의 사전 조건으로 언급된 세계의 기술화와 분업체계의 증가는 사회사적인 연속관계 속에 있다.

주석과 참고문헌에 사용된 독어 약어 설명

abgedr.(abgedruckt) = 인쇄된, 활자화된

Anm.(Anmerkung) = 주註

Art.(Artikel) = (사전 따위의) 항목, (법률의) 조條

Aufl.(Auflage) = (책의) 판(초판, 재판 등의)

Ausg.(Ausgabe) = (책의) 판(함부르크판, 프랑크푸르트판 등의)

Bd.(Band) = (책의) 권

Bde.(Bäde) = (책의) 권들

ders.(derselbe) = 같은 사람[저자](남자)

dies.(dieselbe) = 같은 사람[저자](여자)

Diss.(Dissertation) = 박사학위 논문

ebd.(ebenda) = 같은 곳, 같은 책

f.(folgende) = (표시된 쪽수의) 바로 다음 쪽

ff.(folgenden) = (표시된 쪽수의) 바로 다음 쪽들

hg. v. …(herausgegeben von …) = …에 의해 편찬된(간행자, 편자 표시)

Mschr.(Maschinenschrift) = (정식 출판본이 아닌) 타자본

Ndr.(Neudruck) = 신판新版, 재인쇄

o.(oben) = 위에서, 위의

o. J.(ohne Jahresangabe) = 연도 표시 없음

s.(siehe!) = 보라!, 참조!

s.v.(sub voce) = …라는 표제 하에

u.(unten) = 아래에서, 아래의

v.(von) = ……의, ……에 의하여

vgl.(vergleiche!) = 비교하라!, 참조!

z. B.(zum Beispiel) = 예컨대, 예를 들자면

zit.(zitiert) = (……에 따라) 재인용되었음

주석

1 Hans Robert Jauss, Literarische Tradition und gegenwärtiges Bewusstsein der Modernität (1965), in: ders., *Literaturgeschichte als Provokation, 5.* Aufl. (Frankfurt 1974), 11 ff.; ders., Antiqui/moderni (Querelle des Anciens et Modernes), Hist. Wb. d. Philos., Bd. 1 (1971), 410 ff.; Fritz Martini, Art. Modern, die Moderne, *Reallexikon der deutschen Literaturgeschichte*, begündet v. Paul Merker u. Wolfgang Stammler, 2. Aufl., hg. v. Wener Kohjschmidt u. Wolfgang Mohr, Bd. 2 (Berlin 1958), 391 ff.; Jost Schneider, Ein Beitrag zu dem Problem der "Modernität", *Der Deutschunterricht* 23 (1971), H. 6, 58 ff.; Marie Dominique Chenu, Antiqui, moderni, *Rev. des sciences philos. et théol.* 17 (1928), 82 ff.; Ernst Robert Curtius, *Europäische Literatur und lateinische Mittelalter*, 6. Aufl. (Bern, München 1967), 257 ff.; Walter Freund, *Modernus und anere Zeitgegiriffe des Mittelalters* (Köln, Graz 1957); Ellsabeth Gössmann, *Antiqui und Moderni im Mittelalter. Eine geschichtliche Standortbestimmung* (Paderborn 1974); Johannes Spörl, Das Alte und das Neue im Mittelalter, *Hist. Jb.* 50 (1930), 297 ff. 498 ff.; Jochen Schlobach, *Zyklentheorie und Epochenmetaphorik. Studien zur bildlichen Sprache der Geschichtsreflexion in Frankreich von der Renaissance bis zur Frühaufklärung* (München 1976); Siegrun Bielfeldt, *Die čechischen Moderne im Frühwerk Saldas. Zur synchronen Darstellung einer Epochenschwelle* (München 1975). Chapter III에서 다루어진 기간에 중요한 개념 사와 관련해서: H. R. Jauss, Schlegels und Schillers Replilk auf die "Querelle des Anciens et des Modernes" (1967), in: ders., *Literaturgechichte als Provokation*, 67 ff.; Chapter IV와: ders., Das Ende der Kunstperiode—Aspekte der literarischen Revolution bei Heine, Hugo und Stendhal, ebd., 107 ff.; Chapter V와 관련해서:

Die literarische Moderne. *Dokumente zum Selbstverständnis der Literatur um die Jahrhundertwende*, hg. v. Gotthart Wunberg (Frankfurt 1971).

2 출처 연구에 도움을 준 세미나 참석자들에게 감사를 드린다. 1973년과 1974년 여름 학기의 "Einführung in die begriffsgeschichtliche Methode"와 "Literarische Avantgarden zwischen 1880 und 1920".

3 Helmut G. Meier의 개념사 방법의 역사와 논의의 현 상황에 대한 요약. Art. Begriffsgeschichte, *Hist. Wb. d. Philos.*, Bd. 1, 788 ff.; vgl. ebd., 789: "Eine Theorie der Begriffsgeschichte ist zur Zeit noch Desiderat".

4 Hans Urlich Gumbrecht, Begriffsgeschichte als Methode der Sozialgeschichte: Vorschläge zur Applikation, 곧 출간 예정 im *Arch. f. Begriffsgesch.* (1978). 이 글은 내가 1974년 7월 콘스탄츠 대학 교수 자격시험 콜로키움에서 한 강연과 1975년 과 1976년 초 역사적 의미론에 대한 빌레펠트 콜로키움에서 발표한 나의 글을 발전시킨 것이다. 내가 이 두 곳에서 제시한 구상이 뒤따르는 논의의 토대가 되었기에, 콘스탄츠와 빌레펠트의 논의에 참여하여 많은 자극을 준 분들께 감사를 드리고 싶다.

5 Vgl. etwa Hermann Lübbe, Zur Theorie der Begriffsgeschichte, in: ders., *Säekularisierung. Geschichte eines ideenpolitischen Begriffs* (Freiburg, München 1965), 9 ff., bes. 14.

6 Eugenio Coseriu, Sistema, norma y habla (1952), in: ders., *Teoría de lenguaje y lingüística general* (Madrid 1962), 11 ff., dt. System, Norm und Rede, in: ders., *Sprachtheorie und algemeine Sprachwissenschaft* (München 1975), 11 ff.; ders., *Sincronía, diacronía y historia* (Montevideo 1958), dt. *Synchronie, Diachronie und Geschichte* (München 1974).

7 Nach H. Kellner, *On the Cognitive Significance of the System of Language in Communication* (Darmstadt 1974; Mschr.).

8 Ludwig Wittgenstein, *Philosophische Untersuchungen*, bes. $ 19 ff. (dt. Frankfurt

1967), 20 ff.

[9] '근대적modern'이라는 말이 가질 수 있는 다양한 의미에 대한 체계적 고찰과 관련해서. Franz Overbeck, *Christentum und Kultur. Gedanken und Anmerkungen zur modernen Theologie,* hg. v. Carl Albrecht Bernoulli (1919; Ndr. Darmstadt 1963), 243 ff.

[10] Nehring 10. Aufl. (1756), 344 f., Art. Modern, modernus.

[11] 시대 개념과 관련해서 s. Manfred Riedel, Art. Epoche, Epochenbewusstsein, *Hist. b. d. Philos.,* Bd. 2 (1972), 596 ff.

[12] '근대적'에 대한 세 번째 의미의 규정은 보들레르의 근대성Modernität 이론에 대한 야우스의 해석에서 본질적으로 제안된 것임: Literarische Tradition (s. Anm. 1), 53 ff. Vgl. u. S. 110 f., 126 f.

[13] Gelasius, Epistolae 20 u. 22, in: *Epistolae Romanorum pontificum genuinae,* hg. v. Andreas Thiel, Bd. 1(Brunsberg 1868), 386. 389.

[14] Cassiodor, Brief an Symmachus, MG AA Bd. 12 (1894), 138.

[15] Zit. Freund, *Modernus,* 67. 83.

[16] 민중언어 문학의 12세기 르네상스에 관해서는 s. Jauss, Literarische Tradition, 21 f. 참조

[17] Walter Map, *De nugis curialium* 4, 5, hg. v. Montague Rhodes James (Oxford 1914), 158.

[18] Belege bei Schulz/Basler Bd. 2 (1942), 134 f.

[19] Francesco Petrarca, Epistolae de rebus familiaribus 3, 30, *Le Familiari,* hg. v. Vittorio Rossi, Bd. 4 (Florenz 1942), 29.

[20] Giovanni Boccaccio, *Trattatello in laude di Dante* (1357/59), Opere, hg. v. Vittore Branca, Bd. 3 ([Verona] 1974), 442.

[21] Marsilio Ficino, *Opera* (Basel 1561), 778.

[22] Nathan Edelmann, The early Uses of 'medium Aevum', 'moyen Age', 'Middle

Ages', *The Romanic Rev.* 29 (1938), 4 f.; vgl. Adalbert Klempt, *Die Säkularisierung der universalhistorischen Auffassung* (Göttingen 1960).

[23] Jochaim Du bellay, *La defference et illustration de la langue françoyse 1*, 3 (Paris 1549), éd. Louis Humbert (Paris o. J.), 48.

[24] Estienne (1549), 388.

[25] Vgl. Jauss, Schlegels und Schillers Replik (s. Anm. 1), 71 f.

[26] Chales Perrault, *Parallèle des Anciens et des Modernes en ce qui regarde les arts et les sciences*, Ndr. hg. v. H. R. Jauss (München 1964). 여기서 제시된 "Querelle"의 해석은 편집자의 서문에서 이루어진 논의에 토대를 두고 있다: Ästhetische Normen und geschichtliche Reflexion in der "Querelle des Anciens et des Modernes", ebd., 8 ff.

[27] Perrault, *Parallèle*, 49 (=113 d. Ndr.).

[28] Jean de la Bruyère, Discours sur Théophraste, Einl. zu: *Les caractères, ou le moeurs de ce siècle*, Oeuvres compl., nouvelle éd. Julien Benda (Paris 1951), 11.

[29] François de Fénelon, zit. Jauss, Literarische Tradition (s. Anm. 1) 41.

[30] Louis Antoine de Bougainville, Avertissement zu: Jean Bapriste De la Vurne De Sainte–Palaye, *Memories sur l'ancienne chevalerie considérée comme un etablissement politique et militaire*, 2 éd. (Paris 1759), IX.

[31] Voltaire, *Dictionnaire philosophique*, Oeuvres compl., t. 17 (1878), 228 f. 240.

[32] *Encyclopédie*, t. 10 (1765), 601.

[33] Montesquieu, Essai sur le goût (1756), in: *Mes pensées*, Oeuvres compl., t. 1 (1949), 1016 ff., bes. 1020.

[34] Rousseau, *Du contrat social 3*, 15. Oeuvres compl., t. 3 (1964), 430.

[35] 이와 관련해서 곧 출간 예정인 Hans Ulrich Gumbrecht, *Funktionen politischer Rhetorik in der französischen Revolution* (München ca. 1978).

[36] Antonie Saint–Just, Rede vom 12. 11. 1972, *Archives parlementaires* 1787 à

1860, 1 sér., t. 53 (Paris 1898), 390. 혁명 담화들에서 "근대적modern"이라는 말의 사용과 관련된 매우 드문 자료들에서 첫 번째 의미가 부단히 등장한다. "근대적"이라는 술어는 대부분 혁명 공화국의 제도와 역할을 ― 이것들은 '오늘날'로 생쥐스트가 인용한 고대의 패러다임에 대비되는 것인데 ― 칭한다. 예를 들어 라파예트Lafayette는 1792년 7월 25일 자코뱅 당원 클럽에서의 논의에서 moderne Catilina를 거론했다. *La société des Jacobns*, éd. François-Alphonse Aulard, t. 4 (Paris 1892), 142.

[37] Gaspar Melchior de Jovellanos, *Obras escogidas*, hg. v. Angel del Río, Bd. 3 (Madrid 1965), 100.

[38] "세대 전체가 앞선 세대들을 혐오한다. 나는 이것을 이해할 수 없다." ; José Cadalso, *Cartas marruecas* (Madrid 1935), 55 F. 68.

[39] Martini, Art. Modern (s. Anm. 1), 393 ff.

[40] Adelung Bd. 3 (1777), 552; Sperander (1728), 384.

[41] Joh. Joachim Winkelmann, *Kunsttheoretische Schriften*, Bd. 1 (Baden-Baden, Strassburg 1962), 3. 빈켈만의 "Querelle" 연구는 s. Jauss, Schlegels und Scillers Replik(s. Anm.), 80 f.

[42] Herder, *Über die neue deutsche Literatur* (a767), SW Bd. 1 (1877), 383.

[43] Ders., *Briefe zu Befoerderung der Humanitäet*, SW Bd. 18(1883), 6.

[44] Schiller, *Über naive und sentimentalistische Dichtung*, NA Bd. 20 (1962), 438; Friedrich Schlegel, *Über das Studium der griechischen Poesie*, hg. v. Paul JHankamer(Godesberg 1947), 208. 203. 53. 45, zit. Jauss, Schlegels und Schillers Replik (s.Anm. 1), 85. 75. 96. 95. 87. 97.

[45] W. v. Humboldt, *Ansichten über Ästhetik und Literatur. Seine Briefe an Christian Gottfried Körner*, hg. v. Fritz Jonas (Berlin 1880), Brief vom 30. 4. 1803.

[46] Aug. Wilhelm Schlegel, *Vorlesungen über dramatische Kunst und Literatur*, hg. v. Giovanni Vittorio Amoretti, Bd. 1 (Bonn, Leipzig 1923), 8.

[47] 19세기 초 '낭만주의적'이라는 술어의 의미와 '현재의 예술'에 대한 그 적용의 역사에 관해서는 s. Jauss, Literarische Tradition (s. Anm. 1), 44 ff.

[48] Anne Louise Germaine de Staël, De l'Allemagne 2, 11 (1810), Oeuvres compl., t. 2 (Paris 1836), 62.

[49] Brockhaus 4. Aufl., Bd. 6 (1817), 451 f.

[50] Conversations—Lexicon oder encyclopädisches Handwörterbuch für gebildete Stände, neue u. verm. Ausg., Bd. 4 (Stuttgart [Macklot] 1818), 708.

[51] Eberhard/Maas 3. Aufl., Bd. 4 (1827), 419; Heinsius (1828), 185.

[52] Rees vol. 23 (1819), s. v. modern.

[53] Friedrich Schlegel, *Geschichte der alten und neuen Litteratur*, Bd. 2 (wIEN 1815), 130.

[54] Hegel, *Vorlesungen über die Ästhetik*, SW Bd. 13 (1928), 198.

[55] Ebd., Bd. 14 (1928), 416.

[56] Göthe, *Klassiker und Romantiker in Italien, sich heftig bekämpfend* (1820), WA Bd. 42/1 (1902), 137.

[57] Achim v. Arnim, *Owen Tudor* (1821), SW Bd. 2, hg. v. Wilhelm Grimm (Berlin1839), 261.

[58] Victor Hugo, Préface d'Hernani, Théâtre complet, éd. J. J. Thiery, Josette Mélèlze, t. 1 (Paris 1963), 1147.

[59] 북미의 자유 국가들에는 이미 현대적인 것의 의미가 크게 증가하고 있다. 그러나 사람들은 새롭고 개선된 의미를 가구의 호화스러움보다는 실용성에 더 많이 적용시킨다; Hübner31. Aufl. Bd. 3 (1826), 179.

[60] Schelling, *Vorlesungen über die Methode des akademischen Studiums*, Werke, Bd. 3 (1927; Ndr. 1965), 330.—Eine um 1840 erschiene Sammlung von Städte—und Landschaftsbeschreibungen von Gustav v. Herringen, Wanderungen durch Franken (Leipzig 1839; Ndr. Hiledesheim 1973)은 사람들이 '근대적modern'이

라는 술어를 새로운 실용적인 의미로 귀속될 수 없는 대상들을 낭만주의적인 관점에서 평가했다는 것을 많이 보여준다. 예를 들어 부르츠부르크를 현대적 modern 의미에서 아름다운 도시라고 부를 수는 없지만, 뛰어난 도시라고는 할 수 있다. 그 도시의 길들 가운데 단지 소수만이 넓고 길시만 활기가 있고 떠들썩하며, 돌로 지어진 높은 집들이 많다. 그리고 많은 교회들과 그 탑들, 많은 공공건물들, 주교좌성당 정원들, 옛 수도원들, 장엄한 궁전, 관저들과 그 주변 환경들 — 여러 시대에 걸친 제국의 제후이자 지배자들이 남긴 흔적들은 그 도시에게 감명을 느끼게 만드는 고귀한 것과 역사의 위대함의 특징을 부여한다(115 f.).

[61] Reinhart Koselleck, in: ders./Louis Bergeron/François Furet, *Das Zeitalter der europäischen Revolutionen 1780~1848* (Frankfurt 1969), 296.

[62] 그들의 이러한 주된 관심사에 따라 3월혁명 전 시대는 율리안 슈미트Julian Schmidt에 의해 회고적으로 다음과 같이 특징지어졌다: 모든 것이 현대적이고 실용적이고자 한다. 낭만주의는 격식을 갖춘 욕설이 되었다. 사람들은 더 이상 문학과 역사를 많이 알고자 하지 않는다. 사람들이 타당하게 여기는 유일한 것은 자연과학과 국민경제학이다. Der russische Nihilismus und Iwan Turgenjew, *Preuss. Jbb.* 45 (1880), 315.

[63] Koselleck, in: ders./Bergeron/Furet, Zeitalter, 303.

[64] Stendhal, *Souvenirs d'Égotisme*, nouvelle éd. Henri Martineau (Paris 1950), 57.6.—새로운 종류의 시간의 가속에 대한 경험을 스탕달은 이미 10년 남짓 전에 〈Racine et Shakespeare〉(1823)라는 논문의 첫 번째 부분에서 표명했다: "사람들은 그들의 생활과 향락 속에서, 역사가의 기억, 즉 1780년에서 1823년 사이의 변화보다 더 빠르고 더 전반적인 변화를 결코 깨닫지 못했다. De mémoire d' historien, jamais peuple n'a éprouvé, dans ses moeurs et dans ses plaisirs, de changement plus rapid et plus total que celui de 1780 à 1823": Oeuvres compl., éd. Henri Martineau (Paris 1928), 50.

[65] Ders., *Souvenirs*, 38.

[66] Charles Baudelaire, *Le peintre de la vie moderne*, Oeuvres compl., éd. Yves–Gérard Le Dante, Claude Pichois (Paris 1961), 1163. 나는 여기서 야우스Jauss의 해석을 따랐다, Literarische Tradition (s. Anm.), 54 ff.

[67] "중복양상화"로서 "시간의 역사화"와 관련해서는 vgl. Niklas Luhmann, Weltzeit und Systemgeschichte. Über Beziehungen zwischen Zeithorizonten und sozialen Strujturen gesellschaftlicher Systeme, in: *Soziologie u. Sozialpsychologie*, Sonderh. 16 (1972), 91.

[68] Lorenz v. Stein, *Die Municipalverfassung Frankreichs* (Leipzig 1843), 68; vgl. Reinhart Koselleck, Geschichtliche Prognose in Lorenz v. Steins Schrift zur preussischen Verfassung, Der Staat 4 (1965), 472.

[69] Alphonse de Lamartine, *Histoire de la restauration*, Oeuvres compl., t. 17 (Paris 1861), 3. 이 문제에 대한 José F. Montesinos에서의 동시대적인 스페인 자료들은 vgl. *Costumbrismo y novela*, 3. Aufl. (Madrid 1972), 44 ff.

[70] Heinrich Heine, Rez. Wolfgang Menzel, *Die deutsche Literatur*, Sämtl. Schr., Bd. 1(1968), 455; ders., *Zur Geschichte der Religion und Philosophie in Deutschland*, ebd.,Bd. 3 (1971), 636.—Textauszuege der wichtigsten Programmschriften des Vormärz in:*Der Literarische Vormärz*, hg. v. Wolfgang W. Behrens, Gehard Bott u. a. (München1973).

[71] Heine, *Französische Maler*, Sämtl. Schr., Bd. 3, 72. 고유한 현재에 이러한 역사적인 자리매김을 하는 논증은 하이네가 정치학과 예술의 역사가 서로 떼어질 수 없게 결합되어 있다고 생각한다는 것을 보여준다. 지금의 예술은 망할 것이다. 왜냐하면 그것의 원리가 진부한 옛 체제, 즉 신성로마제국의 과거에 뿌리를 두고 있기 때문이다. 이 때문에 이러한 과거의 모든 노쇠한 잔여물들처럼, 지금의 예술은 현재와 불편한 대립 관계에 있다(ebd.).

[72] Vgl. W. Oehlmüller, Hegels Satz vom Ende der Kunst und das Problem der Philosophie der Kunst nach Hegel, *Philos.Jb*. 73 (1965), 75 ff.

[73] s. Anm. 71; zu Hugo s. Anm. 58.

[74] Heinrich Laube, Moderne Charakteristiken, Ges. Werke, hg. v. Heinr. Hubert Houben, Bd. 49 (Leipzig 1909), 17.

[75] Theodor Mundt, Zeitperspektive 1834, in: *Schriften in bunter Reihe, zur Anregung und Unterhaltung*, hg. v. Th. Mundt, H. 1 (Leipzig 1834; Ndr. Frankfurt 1971), 4.

[76] Ders., *Algemeine Literaturgeschichte*, Bd. 3 (Berlin 1846), 452.

[77] Heine, *Die romantische Schule*, Sämtl. Schr., Bd. 3, 468.

[78] Laube, Moderne Charakteristiken, 313. 17.

[79] Karl Guttzkow, *Die Mode und das Moderne*, Werke, hg. v. R. Gensel, Bd. 11 (Berlin, Leipzig o. J.), 16. 21. 24.

[80] Karl Marx, *Kritik des Hegelschen Staatsrechts*, MEW Bd. 1 (1956), 279.

[81] Tocqueville, L'Ancien Régime et la Révolution 1, 4 (1856), Oeuvres compl., t. 2, 2 éd (1952), 94.

[82] 19세기 전반기 동안에 각각의 사전들의 판이 비약적으로 증가한 것은 사전들이 이미 이 시기에 더 이상 단지 언어규범의 거울이지 않고, 규범을 형성하면서 영향을 미칠 수 있다는 것을 말한다. 브로크하우스의 《회화사전》(1809) 초판은 단지 2,000부에 불과했지만, 8번째 판은(1833~1837) 무려 33,000부에 달했다. Johan Goldfriedrich, *Geschichte des Deutschen Buchhandels*, Bd. 4 (Leipzig 1913), 202 f.

[83] Brügermann Bd. 5 (1836), 224 f.; Heyse 8. Aufl., Bd. 2 (1838), 111.

[84] Pierer 2. Aufl., Bd. 19 (1843), 369; ebenso noch 4. Aufl., Bd. 11 (1860), 345.

[85] Manz Bd. 7 (1848), 282.

[86] Brockhaus 10. Aufl., Bd. 10 (1853), 555.

[87] Pau Valéry, Propos sur le progrès (1929), Oeuvres, éd. Jean Hytier, t. 2 (Paris 1960), 1022.

[88] Bogumil Goltz, zur Geschichte des Tages, in: ders., *Die Bildung und die Gebildeten. Eine beleuchtung der modernen Zustände*, Bd. 1 (Berlin 1864), 47.

[89] Theodor Fontane, *Unsere lyrische und epische Poesie seit 1848* (1853), SW, hg. v. Edgar Gross, Kurt Schreinert u. a., Bd. 21/1 (München 1963), 9.

[90] Brief Stifters vom 1. 3. 1852, abgedr. bei Kurt Gerhard Fischer, Noch einmal: Adalbert Stifter und Johann Rint, Vjsch. d. Adalbert−Stifter−Snst. d. Landes Oberösterich 9 (1960), 29.

[91] Reichensperger 3. Aufl. (1872), 94 f.

[92] Richard Wagner, Modern, *Ges. Schr. u.Dichtungen*, Bd. 10(Leipzig 1883), 78. 80.

[93] Wilhelm Scherer, *Geschichte der deutschen Literatur*, 5. Aufl. (Berlin 1889), 19f.— 독문학의 역사 모델과 관련해서는, 특히 19세기 이전의 모델과 관련해서는 s. Hans Urlich Gumbrecht, "Mittelhochdeutsche klassik". Über falsche und berechtigre Aktualität mittelalterischer Literatur, Zs. f. Literaturwiss. u. Linguistik 3 (1973), H.11, 97 ff.

[94] Nietzsche, *Die Geburt der Tragödie oder Griechentum und Pessimismus* (1872), Werke, Bd. 1 (1954), 16.

[95] Ders., *Die fröhliche Wissenschaft* (1881/82), ebd., Bd. 2 (1955), 216: 그러나 비로소 프랑스혁명이 "좋은 인간"에게 완전히 그리고 분명히 왕홀王笏을 건넸다 (양, 당나귀, 거위, 그리고 치유할 수 없는 "근대적 이념들"의 정신병원행 감인 성숙한 모든 것에게……).

[96] Ders., *Jenseits von Gut und Böse* (1888), ebd., 1141. 이에 앞선 문장 참조: 이 책은…… 본질적으로 근대성에 대한 비판이다. …… 가장 근대적이지 않은 반대 유형, 즉 고상한, 예스맨 유형에 대한 손가락질을 포함해서.

[97] Ders., *Von Nutzen und Nachteil der Historie für das Leben* (1874), ebd., Bd. 1,267.

[98] Ders., *Jenseits von Gut and Böse*. ebd., Bd. 2, 708.

[99] Wagner Bd. 13 (1863), 497.

[100] Meyer 4. Aufl., 11 (1888), 703

[101] Benito Pérez Galdós, *La familia de Léon Roch* (1878; Ausg. Madrid 1972), 26.

[102] Ebd., 55: 근대 사회는 자신을 위한 망각이라는 선물을 가지고 있다. 그리고 사람들은 어둡고 비천한 미래를 금방 잊는다. 평준화되는 것은 때로는 개인적인 소득이며 때로는 부이다. 그리고 우리 사회는 모든 가족들의 이름들이 매우 가치가 있는 상태를 향해 커다란 발걸음을 내딛는다. La sociedad moderna tiene en su favor el don del olvido, y se borran con prontitud los origenes oscuros plebeyos. El mérito personal unas veces, y otras la fortuna, nivelan ...... y nuestra sociedad camina con pasos de gigante a la igualdad de apellidos. 갈도스는 사회에서 이제부터 주도적인 시민계급의 생활 형식의 "표현"을 근대 소설의 과제로 간주했다; vgl. ders., Observaciones sobra la novela contemporánea en España (1870), in: I. M. Zavala, *Ideología y política en la novela española del siglo XIX* (Salmananca 1971), 323.

[103] Larousse t. 11 (1874), 362.

[104] Edmond u. Jules Goncourt, Préface de "Renée Mauperin" (1875), in: dies., *Préfaces et manifestes littéraries* (Paris 1888), 18.

[105] 에밀 졸라에게 자명하고 명백한, 그리고 그 때문에 그가 프로그램에 관한 글인 〈Roman expérimental〉에서 특별히 근거 짓지 않은 근대문학의 전제가 당시의 다른 작가들에 대한 그의 판단들에서 드러난다. 비판으로서는 Bourget에게 보낸 1878년 4월 22일 자 편지: "현대 시인들, 당신들은 현대적 삶을 증오한다. 당신들은 당신들의 시대를 받아들이지 않는다. 왜 볼품없는 역이라 여기는가? 그것은 아주 멋진 역이다. 왜 당신들은 우리의 거리로부터 벗어나 낭만적인 나라를 향해 계속해서 멀리 가려고만 하는가? 우리의 거리들, 그곳들은 비극적이고 매혹적이다. Vous, poéte moderne, vous détestez la vie moderne...... Vous n'acceptez pas franchement votre âge...... Pourquoi trouver une gare laide? C'esr très beau une gare. Pourquoi vouloir vous envoler continuellement loin de nos rues,

vers les pays romantiques? Elles sont tragiques et charmantes, nos rues",
Correspondance. Les lettres et les arts, éd. Eugène Fasquelle (Paris 1908), 156.
Alphonse Daudet를 자연주의학파로 분류한 기준: "그는 자연주의자 그룹에 속
한다. ⋯⋯ 그의 모든 작품은 현대적 삶으로 가득 차 있다. Il appartient au
groupe au groupe des naturalistes⋯⋯ Toutes ses oeuvres sont prises en pleine vie
moderne": *Les romanciers natualistes* (Paris 1881), 261.

[106] Ders., *Le roman expérimental* (1880; Ausg. Paris 1905), 53. 자연주의의 이론적
토대와 관련해서 vgl. Hans Ulrich Gumbrecht, *Emile Zola im historischen Kontext*
(Frankfur 1977).

[107] Niklas Luhmann, Sinn als Grundbegriff der Soziologie, in: ders./J. Habermas,
Theorie der Gesellschaft oder Sozialtechnologie. *Was leistet die Systemforschung?*
(Frankfurt 1971), 57 f.

[108] 모더니즘에 대한 이 최초의 선언문의 작자가 누구인지에 관한 논란과 관련해
서 나는 Martini, Art. Modern (s. Anm. 1), 408을 따른다.

[109] Eugen Wolf, Thesen zur literarischen Moderne aus der "Allgemeinen Deutschen
Universitätszeitung" (1887), abgdr. in: Wunberg, *Literarische Moderne* (s. Anm.
1), 1f.

[110] [Otto Brahm], Zum Beginn (1890), ebd., 57.

[111] Michael Georg Conrad, Die Sozialdemokratie und die Moderne (1891), ebd.,
99.

[112] Curt Grottewitz, Wie kann sich die moderne Literaturrichtung weiter entwickeln?
(1890), ebd., 61; Leo Berg, *Der Übermensch in der modernen Litteratur* (München
1897), 88.

[113] Heinrich Hart, Die Moderne (1890), abgdr. in: Wunberg, *Literarische
Moderne*, 72.

[114] Friedrich Michael Fels, Die Moderne (1891), ebd., 73.

[115] Brockhaus 14. Aufl., Bd. 11 (1902), 952; vgl. Herder 3. Aufl., Bd. 6 (1906), 48.

[116] Antoine Albalat, *Le mal d'écrire et le roman contemporain* (Paris 1895), 26: "바로 이것이 문학의 명령, 목적, 현재 조건이다. '변화 속에 있는 것', 이것이 파리 정신을 따르는 것, 도시 대로大路를 모방하는 것, 출판하는 것, 쓰는 것이다! Voilá la consigne, le but, la condition actuelle de la littérature: être dans—le—mouvement, c'st—a—dire adopter l'espirit parisien, copier le boulevard, publier, écrire!"

[117] *Grande dizionario enciclopedico*, Bd. 2 (Turin 1968), 493, Art. Avanguardia. Vgl. John Weightman, *The Concept of the Avant-Garde. Explorations in Modernism* (Bradford 1973), 20, 이 책은 개념사 자료 이외에도 '아방가르드'라는 술어의 20세기의 다양한 사용에 예리한 비판을 제시한다.

[118] E. u. J. Goncourt, Préface de "Les frères Zemgano" (1879), in: dies., Préfaces (s. Anm. 104), 53. 19세기에 대한 이외의 자료는 bei Renato Poggioli, *The theory of the Avant-Garde* (engl. Cambridge/Mass. 1968); Peter Bürgers Buch "Theorie der Avant—Garde" (Frankfurt 1974). 최근의 독일에서 시도되는 아방가르드 현상에 대한 역사적 설명과 기술에는 개념사적 반성이 결여되어 있다.

[119] s. Anm. 115

[120] Hermann ahr, Das junge Österriech, in: ders., *Studien zur Kritik der Moderne* (Frankfurt 1894), 78.

[121] Caesar Flaischlen, Vorbemerkung zu: ders., Neuland. Ein Sammelbuch moderner Prosadichtung (1894), abgdr. in: Wunberg, *Literarische Moderne*, 127.

[122] M. G. Conrad, *Von Emile Zola bis Gerhart Hauptmann. Erinnerungen zur Geschichte der Moderne* (Leipzig 1902), 135.

[123] Zit. Paul Goldmann, Der Rückgang (1908), abgdr. in: Wunberg, *Literarische Moderne*, 237.

[124] Rudolf Borschardt, Rede über Hofmannsthal (1905/07), ebd., 141.

[125] Mauthner Bd. 2 (1910), 95.

[126] 이제 더 이상 시간이 현재의 삶의 어떤 요소를 위해서도 정지해 있지 않기 때문에, 오늘날 현대적이고 새로워 보이는 것이 몇 년 후에도 그럴 것이라는 주장은 터무니없는 주장이다; Enciclopedia universal ilustrada, Bd. 35 (Barcelona o. J. [1907 ff.], 1230.

[127] Robert Scherer, Art. Modernismus, LThK 2. Aufl., Bd. 7 (1962), 513.

[128] Roger Aubert, Art. Modernismus, Staatslexikon, 6. Aufl., Bd. 5 (1960), 794.

[129] Scherer, Art Modernismus, 513.

[130] Philos. Wb., 7. Aufl., Bd. 2 (1970), 735, Art. Modernismus.

[131] Aubert, Art. Modernismus, 800 f.

[132] Oswald v. Nelli-Breuning, Art. Integralismus, LThK 2. Aufl., Bd. 5 (1960), 717.

[133] Günther Böing, Art. Liberalismus, LThK 2. Aufl., Bd. 6 (1961), 1008.

[134] [Erik Ernst Schwabach], Über einen Charakter der kommenden Literatur, Die weissen Bll. 1 (1913), 5; vgl. die Berichtigung ebd., 202.

[135] "고전주의자들은 현대의 조명 아래 새로 읽혀야 하고 해석되어야 한다. ……과거가 시계추 운동을 하지 않으면, 그것은 살아있는 것이 아니다. 예술작품은 지속적인 발전 속에서 존재한다": Azorín [d. i. José Martinez Ruez], Clásicos y modernos, Obras completas, hg. v. Angel Cruz Rueda, Bd. 2 (Madrid 1947), 737. 932.

[136] 표현 방식 시대의 통시성으로부터 표현 방식 가능성들의 공시성으로의 전이 테제는 다음에 기초한다: Hans Ulrich Gumbrecht, Zum Wandel des Modernitäts Begriffs in Literatur und Kunst, 곧 출간 예정 in: Studien zum Beginn der modernen Welt, hg. v. Reinhart Koselleck (Stuttgart 1978).

[137] Encyclopaedia universalis, 4 édt. 11 (Paris 1972), 139.

[138] Baudelaire, *Salon de 1859*, Oeuvres compl. (s. Anm. 66), 1025 ff. 또한 다음 논의 참조 "Kunst und Kunstphilosophie der Gegenwart", in: *Immanente Ästhetik, ästhetische Reflexion. Lyrik als Paradigma der Moderne*, hg. v. Wolfgang Iser(Münschen 1966), 524 ff.

[139] Roland Barthes, *Le plaisir du texte* (Paris 1973), 66. Vgl. ebd., 40, 여기서 현대 예술의 부정성 테제가 소외로부터의 도피로 자세히 근거지워졌다.

[140] André Breton, Picasso dans son élément (1933), in: ders., *Point du jour* (1934; Ausg. Paris 1970), 151 f.

[141] Vgl. Jost Hermand, *Pop International. Eine kritische Analyse* (Frnakfurt 1971), 46. 팝 예술에 대한 우리의 테제는 Rainer Crone/Wilfried Wiegand, *Die revolutionäre Ästhetik Andy Warhol's* (Darmstadt 1972)에도 의존해 있다.

[142] H. Szeemann, *Attituden* (Konstanz 1972; Mschr.), 4.

[143] Oswald Spengler, *Der Untergang des Abdemlandes* (1917; Ausg. München 1972), X. 21 f.

[144] *Larousse du XX siècle*, t. 4 (Paris 1931), 913.

[145] Vgl. die Darstellung der weitgehend parallelen Entwicklung in der Geschichte des Begriffs 'moderner Staat' bei Stefan Skalweit, *Der moderne Staat, Ein historischer begriff und seine Problematik* (Opladen 1975).

[146] Niklas Luhmann, Der politische Code. "Konservativ" und "progressiv" in systemtheoretischer Sicht, *Zs. f. Politik 21* (1974), 253 ff.

[147] Südkurier (Konstanz) vom 6. 4. 1974.

[148] M. Rainer lepsius, Soziologische Theoreme über die Sozialstruktur der "Moderne" und "die Modernisierung" (1972; Mschr.). Vgl. Hans-Ulrich Wehler, *Modernisierungstheorie und Geschichte* (Göttingen 1975)

[149] Paul Valéry, Avant-propos de "Regards sur le monde actuel et autres essais", *Oeuvres* (s. Anm. 87), t. 2, 922.

[150] →Einleitung, Bd. 1, XV.

[151] Reinhart Koselleck, Geschichte, Geschichten und formale Zeitstrukturen, in: *Geschichte-Ereignis und Erzählung*, hg. v. R. Koselleck u. Wolf—Dieter Stempel(München 1973), 221.

[152] Luhmann, Weltzeit und Systemgeschichte (s. Anm. 67), 104.

찾아보기

코젤렉의 개념사 사전 13 — 근대적/근대성, 근대

⊙ 2019년 5월 19일 초판 1쇄 발행
⊙ 2022년 1월 27일 초판 2쇄 발행
⊙ 글쓴이   한스 울리히 굼브레히트
⊙ 엮은이   라인하르트 코젤렉·오토 브루너·베르너 콘체
⊙ 기 획   한림대학교 한림과학원
⊙ 옮긴이   원석영
⊙ 발행인   박혜숙
⊙ 책임편집   김 진
⊙ 펴낸곳   도서출판 푸른역사
　 우 03044 서울시 종로구 자하문로8길 13
　 전화: 02)720−8921(편집부) 02)720−8920(영업부)
　 팩스: 02)720−9887
　 전자우편: 2013history@naver.com
　 등록: 1997년 2월 14일 제13−483호
ⓒ 한림대학교 한림과학원, 2022

ISBN   979−11−5612−138−1 94900
세트   979−11−5612−141−1 94900

· 잘못 만들어진 책은 교환해드립니다.